WIR MACHEN THEATER
jedes Jahr im Sommer

Herausgeber Burgfestspiele Jagsthausen gGmbH
Texte: Andreas Sommer

Theater der Zeit

WIR MACHEN

THEATER

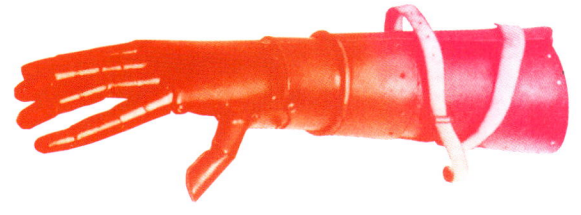

jedes Jahr

im Sommer

Inhalt

- **7** **Grußwort**
- **8** **Vorwort**

Die Geschichte der Burgfestspiele Jagsthausen 1950–1999
- 13 Mit Blitz und Donner – wie alles begann

Vier Intendanten – vier Handschriften
- **58** **Jan Aust (2000–2008). Der bodenständige Ästhet aus Lüneburg**
- 62 „Faust", „Hamlet", „Aschenputtel" – ein Herz für Klassiker und Kinderstücke
- 72 Bause, Schöfer, Reimann, Garbers – Austs Götz-Darsteller
- 76 Treu und gern gesehen – die Ensembles als Familie
- 80 Vielfalt und Überraschungen – das Musiktheater der Helga Wolf
- 90 Mehr als 80 000 Gäste – die erfolgreichste Spielzeit aller Zeiten 2003

- **94** **Heinz Kreidl (2009–2013). Der experimentierfreudige Künstler**
- 100 Anspruch statt Seichtheit und der Genius Loci – Heinz Kreidls Theateransatz
- 106 Das Stück zur Bankenkrise 2008 – Brechts „Dreigroschenoper"
- 110 Großer Wurf und neues Publikum – „The Blues Brothers" und „The Rocky Horror Show"
- 120 Von Hörbar bis streitbar und Innovationen beim „Götz"

- **126** **Axel Schneider (2014–2019). Der vielbeschäftigte Theatermacher aus Hamburg**
- 130 Erstes Kleinkinderstück und neun Produktionen – die furiose erste Spielzeit 2014
- 140 Viel los und Hamburger Inszenierungen im Burghof
- 150 Blick von außen auf den „Götz" – Regisseure aus Großbritannien, Frankreich und Regiestars
- 153 Erste Uraufführung in Jagsthausen – „Die Analphabetin, die rechnen konnte" und die Schwierigkeit, Erfolgsromane für die Bühne zu adaptieren

- **160** **Eva Hosemann (seit 2020). Das leidenschaftliche Theatertier**
- 168 Der Corona-Kinnhaken 2020/21
- 171 Eva Hosemann erarbeitet sich das Genre Musical – „Spamalot"
- 178 Theater mit politischem Anspruch, emotionaler Berührung und hohem Unterhaltungswert – „Rio Reiser. König von Deutschland" und „Ein Käfig voller Narren"
- 186 Wo geht die Reise hin? Eva Hosemann über die Zukunft der Burgfestspiele

Backstage
- 192 Auf dem Weg in die Gegenwart …
- 198 Die Planer – die Festspielleitung
- 200 Treue zahlt sich aus – Sponsoren und Förderer der Burgfestspiele
- 203 Das Dorf, die Laien und die Grundschüler
- 210 Der Blick hinter die Kulissen – ohne sie geht es nicht!
- 214 Nachschlagen mit Mehrwert – die Programmhefte der Burgfestspiele
- 218 „Götz"-Darsteller seit 1950 bis heute

Grußwort

Vor 75 Jahren kam Goethes Ritterdrama „Götz von Berlichingen" erstmals am Originalschauplatz auf die Bühne. Als Kaufmann stelle ich fest: Wenn ein Produkt harter Arbeit, und dies sind die Burgfestspiele Jagsthausen, seit einem Dreivierteljahrhundert stets neu erfunden wird und es sich in der Publikumsgunst und damit am Markt halten kann, so ist dies ein Zeichen von guter und anerkannter Qualität. Nicht nur die meisten Menschen in Jagsthausen kennen die Sturm-und-Drang-Geschichte des heldenhaften Ritters und sind stolz auf ihren über die Landesgrenzen bekannten historischen Mitbürger. Der Erfolg dieses Freilichttheaters zeigt sich auch darin, dass im Sommer des 75. Jubiläums auf den Bühnen der Götzenburg erneut ein umfangreiches Programm gestaltet wird.

Das belegt auch: Die Kulturlandschaft in Baden-Württemberg ist in einer hervorragenden Verfassung – nie war sie so lebendig, so vielfältig, so international und qualitativ anerkannt wie heute. Sie gleicht einem echten Schlaraffenland. In diesen Reigen reihen sich die Burgfestspiele Jagsthausen ein.

Erlauben Sie mir an dieser Stelle den Hinweis: Es freut mich sehr, dass neben den vielen Besucherinnen und Besuchern das Land Baden-Württemberg, der Landkreis Heilbronn, die Gemeinde Jagsthausen, wie auch der Verein Freunde der Burgfestspiele Jagsthausen e. V. und viele weitere Freunde und Förderer dieses kulturelle Ereignis unterstützen und dadurch erst ermöglichen. Unterstützung ist unerlässlich. Selbstverständlich können Sie, verehrte Leserin, und Sie, verehrter Leser, die Burgfestspiele auch durch Ihren Besuch oder eine Mitgliedschaft bei den Freunden unterstützen.

Für mich, und hier spreche ich sicher auch für viele andere Besucherinnen und Besucher, bleiben die Theaterabende in der unvergleichlichen Kulisse der Götzenburg im Umfeld der Begegnungen mit Freunden und Bekannten unvergessen.

Momentan gibt es Tendenzen, Freiheit und die demokratische Grundordnung, wie wir sie in Deutschland seit Jahrzehnten genießen dürfen, zu unterwandern. Gerade Goethes Klassiker, uraufgeführt vor 250 Jahren, in dem der Götz von Berlichingen um Rechte und Freiheit kämpft, verhandelt somit universelle und sehr aktuelle Fragen.

Allen Besucherinnen und Besuchern der Vorstellungen im Jubiläumsjahr wünsche ich daher einen anregenden Sprung aus der Hektik des Alltags und den Burgfestspielen Jagsthausen weiterhin viel Erfolg.

Reinhold Würth

Ehrenvorsitzender des Stiftungsaufsichtsrats der Würth-Gruppe
Schirmherr der Burgfestspiele Jagsthausen

Vorwort

Wir machen Theater, jedes Jahr im Sommer. Das gilt für die Burgfestspiele Jagsthausen seit dem Jahr 1950.

Als einziges Theater im deutschsprachigen Raum wird hier seit 75 Jahren mit Johann Wolfgang von Goethes „Götz von Berlichingen" Theater an seinem Originalschauplatz gespielt. Mittlerweile sind die Burgfestspiele aber viel mehr als nur „Götz". Musicals, Kinderstücke, Schauspiele, Komödien und Musiktheater gehören zum Repertoire. Dieses Buch bietet Rück-, Ein- und Ausblick.

Nur wenige Jahre nach Ende des Zweiten Weltkriegs ergriff Wolf-Götz Baron von Berlichingen zusammen mit einigen Jagsthäuser Bürgern die Initiative und gründete die Götzfestspiele – die heutigen Burgfestspiele.

Seine Vision war es, das historische Erbe der imposanten Burg und die Geschichte seiner Familie mit der Kunst und Kultur der Gegenwart zu verbinden und den Ort Jagsthausen sowie die Region an Jagst und Kocher touristisch zu beleben. Was damals als bescheidene kulturelle Idee begann, ist heute ein bedeutendes Theaterfestival und belebt nicht nur Jagsthausen, sondern auch die Herzen von Theaterliebhabern weit über die Grenzen der Region hinaus.

Die Burg, jahrhundertelang das Zuhause derer von Berlichingen, öffnete die Tore und wurde zu einem lebendigen Ort der Kunst. Seither unterstützt die Familie zusammen mit der Gemeinde und dem ganzen Dorf dieses besondere Theater.

Ein Jubiläumsband zu 75 Jahren Burgfestspiele ist eine wertvolle Sammlung von Erinnerungen, Geschichten und Perspektiven. Er bringt all diejenigen zusammen, die über Jahre hinweg Teil dieses Erfolgs waren: Schauspieler, Intendanten, Sponsoren, institutionelle Förderer, alle Mitwirkenden vor, hinter und auf der Bühne und natürlich ... unser Publikum. Gleichzeitig ist dieses Buch ein Zeugnis der Geschichte des Theaters an einem Ort, der sowohl Tradition als auch Innovation lebt.

Es ist bemerkenswert, wie stark die Beständigkeit und Zuverlässigkeit über die Jahre die Burgfestspiele Jagsthausen geprägt haben. Das ist bei der Arbeit zu diesem Buch aufgefallen – weil ein Kunstbetrieb sich naturgemäß in ständigem Wandel befindet, aktuelle gesellschaftliche, soziale und politische Themen bearbeitet und hinterfragt.

Ein Symbol für die Kontinuität ist sicher das Theatergebäude selbst: die Götzenburg. Es gibt treue langjährige Sponsoren, unermüdlich und verlässlich. Publikum, das immer wieder nach Jagsthausen kommt und den „Götz" unzählige Male gesehen hat.

Mit diesem Jubiläumsbuch blicken wir auf 75 Jahre Theatergeschichte zurück, die die Vergangenheit und die Zukunft der Götzenburg und der Mitwirkenden miteinander verbindet. Gleichzeitig zeigt es, wie das Theater auf der Götzenburg als Plattform für gesellschaftliche Auseinandersetzung, als Ort des Austauschs und der Reflexion funktioniert wie auch als Ort der Unterhaltung.

Das Buch beleuchtet die ersten 50 Jahre im Schnelldurchlauf in Form einer Chronik, um nicht den ersten Jubiläumsband zum 50-jährigen Jubiläum zu wiederholen, und konzentriert sich im Schwerpunkt auf die letzten 25 Jahre. Vier Intendanten haben diese Zeit seit dem Jahr 2000 geprägt. Ihnen werden einzelne Kapitel gewidmet. Die Kunst steht im Fokus.

Andreas Sommer ist der Autor dieses Jubiläumsbuchs, der mit seiner Leidenschaft für das Theater und seiner fundierten Expertise als ehemaliger Journalist und Theaterkritiker einen wertvollen Beitrag zum 75. Jubiläum der Burgfestspiele geleistet hat. In den Jahren 1994 bis 2018 war er als Ressortleiter des Bereichs Kultur der *Heilbronner Stimme* tätig und als solcher oft Besucher bei den Freilichtspielen auf der Götzenburg. 1995 erlebte er seinen ersten „Götz". Seitdem hat er den „Götz" 24 Mal gesehen, zudem viele Musicals und andere Stücke. Bei der Arbeit an diesem Buch hat er den Kosmos Götzenburg neu kennen- und schätzen gelernt. In stundenlangen Gesprächen, zahlreichen Interviews und Recherchen arbeitete er sich tief in die Festspielgeschichte ein und brachte längst Vergessenes wieder an die Oberfläche. Außerdem wird er wohl der Einzige sein, der alle Programmhefte am Stück gelesen hat.

Wir erleben die Burgfestspiele aus verschiedenen Perspektiven. Auch kritische Auseinandersetzungen hat es in all den Jahren gegeben. Kultur ist ein ständiger Schaffensprozess. Es ist harte Arbeit. Und es braucht materielle Grundlagen. Da ist das Gebäude – die Götzenburg. Es gibt Werkstätten, ein Verwaltungsgebäude, eine Schneiderei. Es gibt Sponsoren und Spender, es gibt das Land Baden-Württemberg, den Landkreis Heilbronn und die Gemeinde Jagsthausen, die die Festspiele unterstützen. Und es gibt die Freunde der Burgfestspiele Jagsthausen, den Förderverein, der dieses Buch durch seine finanzielle Unterstützung erst möglich gemacht hat.

Die tiefgehenden Einblicke und liebevolle Aufarbeitung der Geschichte dieser traditionsreichen Kulturinstitution machen dieses Buch zu einem besonderen Erlebnis für alle Leserinnen und Leser.

Mit den Geschichten, die von unzähligen Anekdoten begleitet sind, werden bei Mitwirkenden und Publikum Erinnerungen wach. Der Autor schafft es, unvergessliche Aufführungen lebendig zu halten und die Magie des Theaters in Worte zu fassen. Auf und hinter der Bühne sehen wir einen Organismus im ständigen Wandel.

Neben einer faszinierenden Bildauswahl informiert dieser Jubiläumsband durch spannende Inhalte rund um die Burgfestspiele sowie durch Zahlen und Fakten zu den Produktionen. Über all die Jahre ist ein umfangreiches Archiv entstanden, in dem man sich beim Sichten unzähliger Motive fast verlieren könnte. Man taucht, ohne es zu merken, automatisch in die Jagsthäuser Theaterwelt der letzten 75 Jahre ein. Mit diesem Material könnte man zweifelsohne weitere Bücher füllen. Umso schwerer fiel es, eine gute und schlüssige Auswahl für den neuen Jubiläumsband zu treffen.

Begeben Sie sich auf eine Zeitreise durch 75 Jahre Theatergeschichte, die schon beim Blättern durch das Buch lebendig wird. Durch die Betrachtung der Vergangenheit können wir nicht nur die Geschichte spüren, sondern auch die Zukunft der Burgfestspiele in einem größeren Kontext sehen.

Lassen Sie uns gemeinsam auf die vergangenen 75 Jahre zurückblicken und voller Vorfreude in die Zukunft schauen. Mögen die Burgfestspiele Jagsthausen weiterhin ein Ort der Inspiration und des kulturellen Austauschs bleiben.

Viel Freude beim Lesen und Schauen.

Birgit Freifrau von Berlichingen

Ann-Kathrin Halter

Die Geschichte der Burgfestspiele Jagsthausen

1950–1999

Mit Blitz und Donner – wie alles begann

Mehr als 1 000 Menschen pilgerten am 22. Juli 1950 zu Fuß oder in klapprigen Autos, auf Fahrrädern und Pferdewagen zur Götzenburg nach Jagsthausen. Voller Vorfreude fieberten sie einem Ereignis entgegen, das nach den langen Kriegsjahren voller Entbehrungen wieder kulturelle Erbauung und etwas mehr Leichtigkeit in ihr Leben bringen sollte: die Premiere von Johann Wolfgang von Goethes Sturm-und-Drang-Stück „Götz von Berlichingen" bei den ersten Götzfestspielen auf der Götzenburg. Im Burginnenhof musste dafür eine alte Akazie, der Mittelpunkt der Burg, weichen. Der örtliche Zimmermann hatte eine Holztribüne mit mehr als 1 000 Plätzen gebaut, und alle harrten erwartungsfroh der Dinge, die da kommen sollten. Doch Punkt 20 Uhr an diesem Samstag brach ein Unwetter los mit Blitz, Donner und Regen. Olga Baronin von Berlichingen berichtete 1988 der *Heilbronner Stimme* in einem Gespräch zu ihrem 80. Geburtstag, dass das Licht ausging und die Besucher in den Rittersaal, unter den Torturm und sogar in ihre Privatgemächer flüchteten. Der Restaurantkoch hatte zuvor ob des riesigen Ansturms der Gäste ohnehin schon die Nerven verloren.

Doch dann, um 21 Uhr, wölbte sich ein türkisfarbener Abendhimmel über der Szenerie, und die Aufführung mit dem kraftvollen Hermann Schomberg, dem ersten Götz-Darsteller, konnte beginnen. Dem Publikum machten die nassen Holzbänke nichts aus: Hauptsache, der lange unterdrückte Hunger nach Kultur wurde gestillt. 26 000 Menschen sahen in 23 Vorstellungen bis zum 28. August 1950 diese erste „Götz"-Inszenierung: 1 130 pro Vorstellung! Es gab drei Platzkategorien (Mitte, Links, Rechts) mit Preisen zwischen zwei und sieben Mark. Intendant war Hans Meissner, Schirmherr Bundespräsident Theodor Heuss. Ursprünglich waren nur zwei Spielzeiten geplant, doch der überwältigende Erfolg forderte mehr.

Den Grundstein für die Festspiele legte Wolf-Götz Baron von Berlichingen (1906–55), unterstützt von seiner Ehefrau Olga (1908–92). Aus der Kriegsgefangenschaft brachte er 1947 die Idee mit, Goethes „Götz" im Sommer auf der Götzenburg an historischer Stätte aufzuführen. Jagsthausens Bürgermeister Albert Feinauer (1918–99) und die Gemeinde zogen mit. Feinauer wurde Gründungsmitglied des Heimat- und Verkehrsvereins als Träger der Festspiele. Viele Handwerker, Bauern und Bürger von Jagsthausen schlossen sich an. Das ganze Dorf fieberte mit, unterstützte und warb. Ein Werbeomnibus fuhr über Land, und in den fünfziger Jahren gab es jeden Sommer Kinderfeste mit einem Umzug durchs Dorf – für Schauspieler, Dorfbewohner und Touristen ein Riesenspektakel.

Eigentlich sollten die Freilichtspiele schon 1949 zu Goethes 200. Geburtstag und zur Eröffnung von Hotel und Burgrestaurant beginnen, erzählt Enkel Götz Baron von Berlichingen, aber die Währungsreform verhinderte dies. Und auch wenn der Start erst ein Jahr später erfolgte: Die Burgfestspiele verfügen über die einzige Spielstätte im deutschen Raum, die ein Stück an seinem Originalschauplatz zeigt. Denn der historische Götz von Berlichingen hatte Jahre seiner Kindheit auf der Burg verbracht. Ein Pfund, mit dem die Burgfestspiele auch heute noch, 75 Jahre nach der Gründung, wuchern können.

Burghof der Götzenburg vor 1950

Hermann Schomberg, 1. Götz-Darsteller

1961 – Dittrich Baron von Berlichingen, Bundespräsident und erster Schirmherr der Burgfestspiele Theodor Heuss, Intendant Wilhelm Speidel, Bürgermeister Albert Feinauer

Intendant Hans Meissner und Wolf-Götz Baron von Berlichingen (1. Vorsitzender 1950–1954)

Kultige Kegelbahn und Bauernkrieg im Schlafzimmer

Wolf-Götz Baron von Berlichingen und Albert Feinauer verfolgten damals die Idee, mit den Festspielen den Tourismus in Jagsthausen und im weiteren Jagsttal wieder anzukurbeln, der mit dem um die Jahrhundertwende gegründeten Schlossmuseum mit Berlichingen'schen Exponaten, der eisernen Hand und Römerfunden in bescheidenen Umfang seinen Anfang genommen hatte.

Nach dem frühen Tod des Ideengebers im Januar 1955 übernahm sein jüngerer Bruder Dittrich (1911–81) die Leitung der Festspiele für fast drei Jahrzehnte. Für die Erhaltung der Burg und für das Hotel musste die Familie einige Privaträume aufgeben. Vom Fremdenzimmer mit Schlüsselbord an der Theke zum modernen Hotelbetrieb war es ein ebenso weiter Weg wie von der Sickergrube zur Kanalisation. Viele Investitionen, Kredite und auch Existenzängste pflasterten den langen Weg in die Gegenwart, zum Theater im Hotel – oder Hotel im Theater. Weil die Familie ihr Privatgebäude für die Öffentlichkeit zugänglich machte, wurde manche Renovierung vom Amt für Denkmalpflege unterstützt, der Großteil aber aus eigenen Mitteln finanziert. 1954/55 wurde die Terrasse angebaut. Die kultige Kegelbahn im Gewölbe half, die Gastronomie im Winter über Wasser zu halten. Bis 1965 führte Olga Baronin von Berlichingen den Gastronomiebetrieb in Eigenregie, bevor das Ehepaar Jürgen und Gretel Bircks das Burghotel pachtete.

1982 übernahm der Sohn des Gründers Wolf-Götz von Berlichingen, Götz, mit großem Engagement die Festspiele von seinem mit 69 Jahren verstorbenen Onkel Dittrich. An seiner Seite wirkte seine Ehefrau Alexandra. Es war sein Lebenswerk, die Burg von außen und vor allem alle Dächer zu sanieren. Leider ist auch er viel zu früh verstorben. Er war befreundet mit Ellen Schwiers und Hans Clarin und vielen anderen Schauspielern, die er für Jagsthausen begeisterte. Auf seine Initiative hin wurde das Kinderstück zum festen Bestandteil des Programms. Seine Devise lautete: „Wenn wir die Kinder bei uns haben, haben wir die Zukunft." Und er nahm die Verantwortung ernst, auf die Erhaltung des Hauses zu achten, die Burg für kommende Generationen zu bewahren. Schließlich wurden und werden gewaltige Bühnenbilder aufgebaut, immer unter der Bedingung, keine Nägel in die Wände zu schlagen. Eine Riesenherausforderung für die Bühnentechnik. Die einstmals wehrhafte Burg war im Sommer zu einem Theater geworden. Und die Familie war immer mit viel Herzblut involviert.

Der heutige Hausherr spielte 1978 als Elfjähriger die Rolle des Karlchens, Götzens Sohn. Götz-Darsteller war damals Ingold Wildenauer. Die Gage des Elfjährigen: ein Lederfußball, der nicht sehr lange hielt. Seine drei Töchter, Maxima, Antonia und Cosima, die 2013, 2016 und 2019 mitspielen durften, bekamen einen Scheck, den ersten ihres Lebens. Sie waren sehr stolz auf dieses selbst verdiente Geld und auf das Gefühl, vor so vielen Zuschauern ein Teil des Ensembles zu sein.

1953 gab es fünf Mark und ein Würstchen in der Pause als Karlchen-Salär für die ganze Spielzeit. Das erhielten der siebenjährige Ekkehard Baron von Berlichingen und sein gleichaltriger Vetter Konrad. Beide spielten die Rolle im Wechsel über drei Jahre bis 1955. Die Kinder der Familie waren immer in den Festspielbetrieb eingebunden. Mit Tabletts und Bauchläden zogen sie etwa auf Premierenfeiern und Empfängen durch die Menge und boten Süßigkeiten und Zigaretten feil.

Ehepaar Alexandra Baronin und Götz Baron von Berlichingen

1954 – Gerhard Geisler als Götz und Konrad Baron von Berlichingen als Karlchen

1978 – Ingold Wildenauer als Götz und Götz Baron von Berlichingen als Karlchen

2016 – Antonia Baroness von Berlichingen als Hofdame in „Der kleine Ritter Trenk" mit Charles Morillon als Fürst

2023 – Gottfried Baron von Berlichingen in „Saturday Night Fever"

„Die Schauspieler nahmen naturgemäß das ganze Haus ein, und manchmal standen sie oder Festspielgäste vor dem Bett meiner Großmutter", erinnert sich Götz Baron von Berlichingen an Kindheitstage auf der Burg: „Im Sommer ging es durch die Hotelküche zu den Privaträumen und jeden Abend tobte der Bauernkrieg, was den Schlaf manchmal sehr verkürzte." Die Schwester von Götz Baron von Berlichingen, die zwei Jahre ältere Diana, sollte Ende der siebziger Jahre den damaligen baden-württembergischen Kultusminister Roman Herzog abholen. Als es anfing zu regnen und sie keinen Schirm dabeihatte, stellte sie den Gast kurzerhand in der Remise ab, dem chaotischsten Raum auf der Burg, und vergaß ihren prominenten Schützling im Trubel, der brav auf sie wartete. Baron von Berlichingen hat unzählige Anekdoten auf Lager, von Ellen Schwiers bis Hans Clarin, die auf Schloss Rossach wohnten, von Friedrich Schütter, der ein Haus in Jagsthausen kaufte, bis zum Weislingen-Darsteller Benedict Freitag, den Ende der Achtziger seine Freundin, die Sängerin Nena, mehrmals besuchte.

Manöverkritik nachts um eins in der Götzenstube

Auch Jürgen Bircks, 40 Jahre Pächter des Burghotels, kann viel über die Frühzeit der Festspiele erzählen. Sein erster Götz? Alexander Golling. Erste Adelheid? Erika Pluhar. „Die Schauspieler gingen damals an der Jagst spazieren, mit Korken im Mund, und haben Sprechübungen gemacht mit dem Körper als Resonanzboden." Ja, die Künstler: Mit ihnen saßen er und seine Frau oft nach Proben oder Vorstellungen nächtelang beim Wein zusammen. Die Fotos an den Wänden von Bircks' Wohnzimmer erzählen viele sinnenfrohe Geschichten. Regisseurin Helga Wolf schwärmt von diesen Zeiten: „Bei der Manöverkritik nachts um eins in der Götzenstube waren Jürgen und Gretel Bircks da und machten Brötchen für uns."

Bircks hat viel Prominenz bekocht: Politiker wie Theodor Heuss, Helmut Kohl, Franz Josef Strauß, Lothar Späth oder Rudolf Scharping, Sportler wie Emil Zatopek oder Heinz Fütterer, Musiker wie Max Raabe, Bob Ross, Frank Zappa oder Ex-Deep-Purple-Gitarrist Ritchie Blackmore und fernsehbekannte Gesichter wie der Zoologe Bernhard Grzimek finden sich in seinen Gästebüchern. 26 Jahre lang hat der Hotelier Abenddienste gemacht, auf Schlaf verzichtet, sich gekümmert. Aber nur ein einziges Mal ist er auf der Bühne im Burghof gestanden: 1993 bei der Dernière von Helga Wolfs Inszenierung von „My Fair Lady" in der Intendanz von Ellen Schwiers. Zusammen mit seinem kleinen Malteser-Hund, eine nette Ensembleidee. Und wie war's? „Kinder und Tiere sind die schlimmsten Kollegen. Weil sie einem die Show stehlen", sagt er schelmisch.

Und jetzt weht sie wieder über der Burg, die schwarz-weiße Berlichingen'sche Fahne aus bestem Tuch, die nur wenige Menschen hissen können. Im 75. Jahr der Festspiele, die längst ein Wirtschaftsmotor der Region sind, wohl noch ein bisschen wilder als sonst.

1980 – Friedrich Schütter vor seinem Haus, dem alten Schafstall in Jagsthausen

1989 – Weislingen-Darsteller Benedict Freitag mit seiner damaligen Partnerin Nena

1961 – Alexander Golling als Götz

Premierenfeier 1969, v. l.: Albert Feinauer, Erich Oppenländer, Olga Baronin von Berlichingen, Dittrich Baron von Berlichingen

Inszenierungen 1950

1949 Gründungsmitglieder: Wolf-Götz Baron von Berlichingen, Wilhelm Dietz, Albert Feinauer, Richard Burkhardt, Karl Ermold, Willi Mugele, Georg Hehl, Hermann Schmeisser, August Hermani

„Götz von Berlichingen"
Heinrich Thomer (Lerse),
Hermann Schomberg
(Götz), Lotte Brackebusch
(Elisabeth)

„Götz von Berlichingen"
Hermann Schomberg
(Götz), Lotte Brackebusch
(Elisabeth)

Chronik

1949
Gründung des Heimat- und Verkehrsvereins Jagsthausen, des Trägervereins der Burgfestspiele durch Wolf-Götz Baron von Berlichingen, Wilhelm Dietz, Albert Feinauer, Richard Burkhardt, Karl Ermold, Willi Mugele, Georg Hehl Hermann Schmeisser und August Hermani.

1. Vorsitzender ist Wolf-Götz Baron von Berlichingen, Bürgermeister Albert Feinauer übernimmt die Finanzen.

1950
1. Spielzeit der damaligen Götzfestspiele. Hermann Schomberg spielt als erster Schauspieler im Burghof den „Götz von Berlichingen", erster Intendant ist Hans Meissner, rund 26 000 Besucher kommen in 23 Vorstellungen. Im selben Jahr übernimmt Bundespräsident Theodor Heuss die Schirmherrschaft der Burgfestspiele (bis 1959). Zwischen 1950 und 1969 finden 460 Vorstellungen von „Götz von Berlichingen" von Johann Wolfgang von Goethe im Burghof statt. Erich Oppenländer wird Geschäftsführer bis 1980. Die erste Tribüne, die bis 1962 in Nutzung war, ist aus Holz, mit 1180 Sitzplätzen.

1951 1952

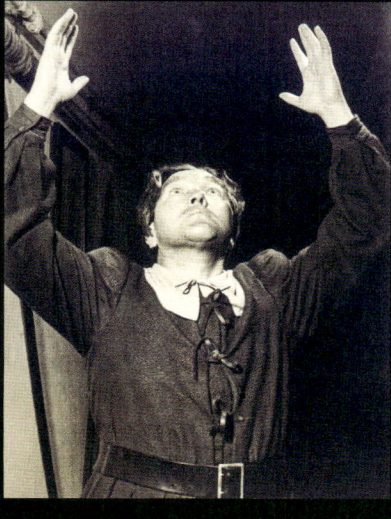

„Götz von Berlichingen"
Heinz Klingenberg (Weislingen), Ingeborg Kloiber (Adelheid)

„Götz von Berlichingen"
Otto Knur (Metzler)

„Götz von Berlichingen"
Gustav Römer-Hahn (Lerse), Rudolf Birkemeyer (Götz), Lotte Brackebusch (Elisabeth), Gertraude Lewisch (Maria)

„Götz von Berlichingen"
Hermann Schomberg (Götz) mit Jagsthäuser Laien (Heilbronner Rat)

Hermann Schomberg bei Feierlichkeiten

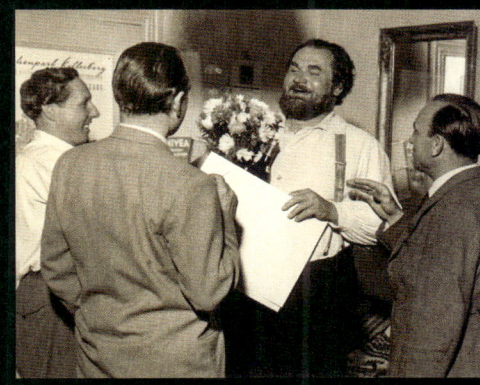

1951

Adolf Gerstung (2. Götz, Spielzeit 1951), Ingeborg Kloiber, Wolf-Götz Baron von Berlichingen vor dem Original der eisernen Hand

1952

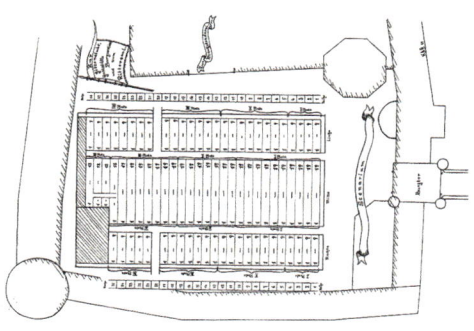

Platzordnung im Burghof

„Götz von Berlichingen"
Alfred Mendler (Götz)

„Götz von Berlichingen"
Alfred Mendler (Götz),
Gefion Helmke (Elisabeth)

„Götz von Berlichingen"
Szenenfoto „Es lebe
die Freiheit" mit Alfred
Mendler (Götz), u. a.
Jagsthäuser Laien

„Götz von Berlichingen"
Herta Zietemann
(Adelheid), Albrecht
Schoenhals (Weislingen)

„Götz von Berlichingen"
Gerhard Mittelhaus
(Kaiser Maximilian),
Albrecht Schoenhals oder
Ernst Kuhr (Weislingen)

1954
Heinz Dietrich Kenter wird zweiter Intendant der Götzfestspiele.

Heinz Dietrich Kenter

„Götz von Berlichingen"
Friedrich Gröndahl (Weislingen), Ingeborg Kloiber (Adelheid)

„Götz von Berlichingen"
Walter Richter (Götz)

„Götz von Berlichingen"
Kurt Meng (Link), Ricklef Müller (Lerse), Alfred Mendler (Götz)

1955

Wolf-Götz Baron von Berlichingen verstirbt völlig überraschend. Sein Bruder Dittrich Baron von Berlichingen wird 1. Vorsitzender.

Erich Oppenländer (Geschäftsführer 1950–1980), Dittrich Baron von Berlichingen

1956

Die zwölfjährige Ära des Intendanten Wilhelm Speidel beginnt. Walter Richter spielt erstmals für drei Jahre den Götz, neben ihm ebenfalls in der Titelrolle Alfred Mendler und Benno Sterzenbach.

1958　　　　　　　　　　　　1959/60

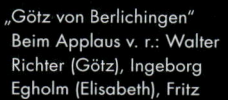

„Götz von Berlichingen"
Walter Richter (Götz)

„Götz von Berlichingen"
Beim Applaus v. r.: Walter Richter (Götz), Ingeborg Egholm (Elisabeth), Fritz Klappenecker (Karlchen), Marie Luise Lundby (Maria), Jörg Holm (Georg), Georg Matthes (Lerse)

„Götz von Berlichingen"
Alfred Schieske (Götz), Kai Möller (Lerse)

„Götz von Berlichingen"
Erika Wackernagel (Elisabeth), Alfred Schieske (Götz), Kai Möller (Lerse)

1958

Wilhelm Dietz, Dittrich Baron von Berlichingen, Albert Feinauer

1959/60

Alfred Schieske wird in Pressekritiken als bester Götz seit zehn Jahren bezeichnet. Seit der Gründung haben 219 735 Besucher die „Götz von Berlichingen"-Aufführungen im Burghof gesehen.

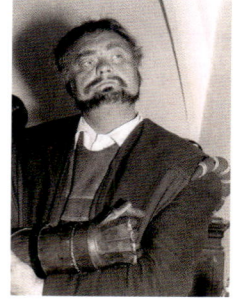

Alfred Schieske

1961 1962

„Götz von Berlichingen"
Alexander Golling (Götz),
Robert Remmler (Bruder Martin)

„Götz von Berlichingen"
Alexander Golling (Götz),
Hans Hassenstein (Kaiserlicher Rat)

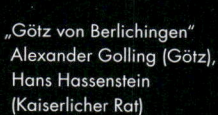

„Götz von Berlichingen"
Helga Riedel (Elisabeth),
Alexander Golling (Götz),
Robert Remmler (Sickingen)

„Götz von Berlichingen"
Angelika Hauff (Adelheid)

„Götz von Berlichingen"
Zitat am traditionellen Ort

1961/62

1961–1964 – „Götz von Berlichingen" im Burghof:
Alexander Golling

Alexander Golling im Gespräch mit Intendant Wilhelm Speidel

Probenfoto:
Angelika Hauff (Adelheid),
Joseph Saxinger (Liebetraut)

1963 1964

„Götz von Berlichingen"
Hubert M. Mittendorf
(Metzler), Gretel Bircks
(geb. Schmeisser,
Helfensteinerin)

„Götz von Berlichingen"
Alexander Golling (Götz),
Robert Remmler (Lerse),
Peter Zeiler (Georg),
Georg M. Ebert (Selbitz)

„Götz von Berlichingen"
Herbert Padleschat (Weislingen), Lida Baarova
(Adelheid)

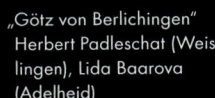

„Götz von Berlichingen"
Gisela Tantau (Adelheid),
Hermann Schober (Bischof
von Bamberg)

„Götz von Berlichingen"
Probenfoto: Kaiserbild

1963/64

Die erste Stahlrohrtribüne
mit 1 094 Sitzplätzen wird
angeschafft.

Erste Stahlrohrtribüne

rechts: Wilhelm Speidel
(Intendant)

22

1965

1966

„Götz von Berlichingen"
Walter Richter (Götz)

„Götz von Berlichingen"
Helga Riedel (Elisabeth),
Elke Vollstedt (Maria),
Wolfgang Scheer (Karlchen)

„Götz von Berlichingen"
Walter Richter (Götz),
Peter Zeiler (Georg)

„Götz von Berlichingen"
Herbert Adler (Metzler),
Gretel Bircks (Helfensteinerin)

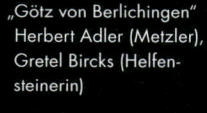

„Götz von Berlichingen"
Hubert M. Mittendorf (Abt von Fulda), Gisela Tantau (Adelheid), Hans Hassenstein (Bischof von Bamberg) und Jagsthäuser Laien

1965/66

Gastspiel der Burgfestspiele in Berlin an der Freilichtbühne Rehberge.

Wilhelm Speidel (Intendant), Walter Richter (Götz), Gisela Tantau (Adelheid), Peter Zeiler (Georg), Manfred Bender (Franz), Ernst Lothar (Weislingen), Karin Mitterhauser (Maria), Helga Riedel (Elisabeth), Josef Wirtz (Selbitz)

rechts: Probenfoto mit Walter Richter (Götz), Gisela Tantau (Adelheid)

1967   1968

„Götz von Berlichingen"
Walter Richter (Götz)

„Götz von Berlichingen"
Peter Drescher (Georg),
Walter Richter (Götz)

„Götz von Berlichingen"
Ellen Schwiers (Adelheid),
Rainer Böse (Franz)

„Götz von Berlichingen"
Mathias Fuchs (Franz),
Ellen Schwiers (Adelheid)

„Götz von Berlichingen"
Walter Richter (Götz),
Gisela Zoch (Maria),
Wolfgang Warncke
(Sickingen), Friederike
Dorff (Elisabeth)

„Götz von Berlichingen"
Ellen Schwiers (Adelheid), Branko Samarovski
(Liebetraut), Jöns Andersson
(Bischof von Bamberg)

1967
Ellen Schwiers wird erstmals als Adelheid gefeiert. Sie spielt die Rolle bis 1971.
Dittrich Baron von Berlichingen wird für seine Verdienste um die Burgfestspiele Jagsthausen mit dem Bundesverdienstkreuz Erster Klasse ausgezeichnet.

Ellen Schwiers und
Gert Westphal

1968
Gert Westphal ist der erste Intendant nach Wilhelm Speidel.

1969

„Götz von Berlichingen"
Hermann Schomberg
(Götz), Heilbronner Rat

„Götz von Berlichingen"
Hermann Schomberg
(Götz), Udo Nonnenmacher
(Karlchen)

„Götz von Berlichingen"
Ellen Schwiers (Adelheid),
Branko Samarovski
(Liebetraut)

„Götz von Berlichingen"
Gert Westphal (Intendant
und Weislingen), Hermann
Schomberg (Götz),
Gisela Zoch (Maria)

1969
Zum 20-jährigen Jubiläum übernimmt Hermann „Schom" Schomberg noch einmal die Rolle des Götz.

Hermann Schomberg

Premierenpublikum 1969

1970

„Götz von Berlichingen"
Benno Sterzenbach (Götz),
Peter Arens (Weislingen)

„Der Widerspenstigen
Zähmung"
Ellen Schwiers (Katharina),
Ulrike von Zerboni
(Bianca), Helmuth von
Scheven (Baptista)

„Götz von Berlichingen"
Peter Arens (Weislingen),
Ellen Schwiers (Adelheid)

„Götz von Berlichingen"
Kaiserbild

„Der Widerspenstigen
Zähmung"
Ellen Schwiers
(Katharina), Joachim Böse
(Petruchio)

1970

Einführung eines zweiten Stückes:
„Der Widerspenstigen Zähmung".
Bis dahin haben 415 301 Besucher
den „Götz" gesehen.
Peter Jacob, Ehemann von Ellen
Schwiers, übernimmt bis 1973
die Intendanz der Burgfestspiele.

Peter Jacob

Dittrich Baron von
Berlichingen, Regierungs-
präsident Römer, Landrat
Otto Widmaier, Albert
Feinauer erhält das
Bundesverdienstkreuz

„Götz von Berlichingen"
Benno Sternzenbach
(Götz)

„Götz von Berlichingen"
Benno Sterzenbach (Götz),
Fred Bertelmann (Selbitz),
Lutz Moik (Lerse),
Jagsthäuser Laien

„Der Widerspenstigen
Zähmung"
Ellen Schwiers (Katharina),
Harald Dietl (Petruchio)

1971

1971 werden erneut „Götz von Berlichingen" und „Der Widerspenstigen Zähmung" mit Ellen Schwiers als Katharina und Joachim Böse als Petruchio aufgeführt.

Freilichttheater pur!

„Götz von Berlichingen"
Probenfoto:
Lutz Moik (Lerse), Dietlind Baronin von Berlichingen

1972

"Götz von Berlichingen"
Eva Pflug (Adelheid),
Wolf Ackva (Weislingen)

"Götz von Berlichingen"
Eva Pflug (Adelheid),
Siegfried Kernen (Bischof
von Bamberg), Sven
Dahlem (Liebetraut),
Jagsthäuser Laien

"Was ihr wollt"
Jutta Kammann (Olivia)

"Was ihr wollt"
Werner Sindermann (Narr),
Wolf Ackva (Malvolio)

1972
Es folgt neben „Götz"
das Shakespeare-Stück
„Was ihr wollt".

"Götz von Berlichingen"
Günter König (Götz), Udo
Nonnenmacher (Karlchen),
Ursula Münch (Elisabeth)

Um 1970 – Kartenstelle:
Erika Kaupp,
Erich Oppenländer,
Emme Wehrbach

1973

„Götz von Berlichingen"
Günter König (Götz),
Jagsthäuser Laien
(Heilbronner Rat)

„Götz von Berlichingen"
Hans-Joachim Frick
(Metzler), Günter König
(Götz)

„Was ihr wollt"
Hagen Marks (Kapitän),
Hans Elwenspoek
(Tobias von Rülp)

1973

Spielplan 1973

1974

„Götz von Berlichingen"
Alexander Kerst (Götz),
Michael Oenicke (Georg)

„Götz von Berlichingen"
„Es lebe die Freiheit":
Alexander Kerst (Götz),
Ruth Kähler (Elisabeth),
Michael Oenicke (Georg),
Jagsthäuser Laien
(Götzknechte)

„Das Pferd"
Renate Bernhard (Ameana),
Louis Ries (Caligula)

„Das Pferd"
Louis Ries (Caligula, als
Pferd verkleidet), Hannes
Gillming (Lentullus)

1974

Kraft Alexander wird Intendant.
Mit „Das Pferd" von Julius Hay
und „Mutter Courage" von
Bertolt Brecht werden erstmals
zeitgenössische Stücke in
Jagsthausen gezeigt.

Albert Feinauer,
Kraft Alexander, Dittrich
Baron von Berlichingen

„Götz von Berlichingen"
Kraft Alexander (Weislingen), Petra Fahrnländer (Adelheid)

„Mutter Courage und ihre Kinder"
Rosel Schaefer (Mutter Courage),
Ursula Rieck (Kattrin), Karl Menrad (Schweizerkas), Günther Järschke (Feldprediger)

„Mutter Courage und ihre Kinder"
Rosel Schaefer (Mutter Courage),
Ursula Rieck (Kattrin),
Karl Menrad (Schweizerkas)

1975

„Mutter Courage und ihre Kinder"
Probenfoto: Karl Menrad (Schweizerkas), Rosel Schaefer (Mutter Courage), Günther Järschke (Feldprediger), Frederick Ribell (Regisseur)

„Götz von Berlichingen"
Peter Dolder (Sickingen),
Peter Ehrlich (Götz)

„Götz von Berlichingen"
Claudia Rieschel (Maria),
Gaby Blum (Elisabeth),
Peter Ehrlich (Götz),
Werner Balmer (Lerse)

„Minna von Barnhelm"
Ulrich Erfurth (Wirt), Volker
Bodgan (Just)

Folker Bohnet (Major von
Tellheim), Clauda Rieschel
(Minna)

1976
Ulrich Erfurth wird Intendant.

Ulrich Erfurth (Intendant)

Götz Baron von
Berlichingen, Alexandra
Baronin von Berlichingen,
Ellen Schwiers,
Albert Feinauer

„Götz von Berlichingen"
Harald Dietl (Götz)

„Götz von Berlichingen"
Kai Fischer (Adelheid),
Kurt Jaggberg (Bischof von Bamberg)

„Der zerbrochne Krug"
Wolfgang Völz (Gerichtsschreiber Licht), Herbert Fleischmann (Dorfrichter Adam), Inge Langen (Marthe Rull)

1977

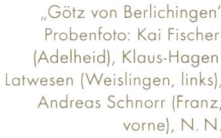

„Götz von Berlichingen"
Probenfoto: Kai Fischer (Adelheid), Klaus-Hagen Latwesen (Weislingen, links), Andreas Schnorr (Franz, vorne), N. N.

1978

„Götz von Berlichingen"
Ingold Wildenauer
(Götz), Adolf Spalinger
(Ratsherr)

„Viel Lärm um nichts"
Margit Ensinger (Beatrice),
Peter Arens (Benedikt)

1978

Dittrich Baron von Berlichingen gibt Vorsitz aus gesundheitlichen Gründen ab. Götz Baron von Berlichingen wird 1. Vorsitzender. Peter Arens wird neuer Intendant.

Applausordnung „Götz von Berlichingen"

1979

„Götz von Berlichingen"
Doris Gallart (Adelheid),
Beat Knoll (Franz)

„Götz von Berlichingen"
Claudia Rieschel (Maria),
Friedrich Schönfelder
(Sickingen)

„Ein toller Tag"
Claudia Rieschel (Susanne),
Christian Reiner (Cherubin)

1979

30-jähriges Jubiläum!
Im Programm:
„Götz von Berlichingen" mit
Hans-Dieter Zeidler (rechts) als
Götz sowie „Der tolle Tag"

„Götz von Berlichingen"
Friedrich Schütter (Götz)

„Götz von Berlichingen"
Doris Gallart (Adelheid),
Karl-Heinz Martell
(Bischof von Bamberg) mit
Jagsthäuser Laien

„Pippi Langstrumpf"
Peter Zeiler (Thomas),
Susanne Kaufmann (Pippi),
Angélique Duvier (Annika)

„Ein toller Tag"
Don Gussmann (E. W. Stickel), Claudia Rieschel (Susanne), Friedrich Schütter (Graf Almar Vivar), Christian Reiner (Cherubin)

1980

Einführung des Kinderstücks in den Spielplan. Erstes Kinderstück wird „Pippi Langstrumpf". Seit 1950 haben 678 613 Besucher den Weg zu den Freilichtspielen gefunden. Zum 500. Geburtstag des historischen Götz von Berlichingen findet eine Sonderausstellung im Marstall der Götzenburg statt.

Neuer Intendant wird Reinhold K. Olszewski.

Festspielausflug Brixen, Südtirol vom 11. bis 14. September 1980

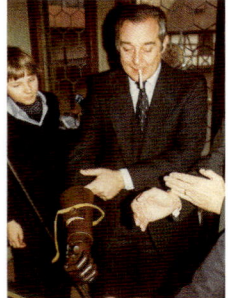

rechts: Sohn und Vater Götz Baron von Berlichingen mit dem Original der eisernen Hand

„Götz von Berlichingen"
Hans-Dieter Zeidler (Götz),
Eva Christian (Elisabeth)

„Götz von Berlichingen"
Doris Gallart (Adelheid),
Hans Clarin (Bischof von Bamberg)

„Das Jahrmarktsfest zu Plundersweilern"
Hans Clarin, Ernst Stankovski, Doris Gallart
in mehreren Rollen

„Pippi Langstrumpf"
Kleiner Onkel (Kinder aus Jagsthausen), Susanne Kaufmann (Pippi)

1981

Der ehemalige 1. Vorsitzende und Ehrenvorsitzende des Heimat- und Verkehrsvereins Jagsthausen Dittrich Baron von Berlichingen verstirbt nach langer Krankheit.

Festspielausflug nach Lugano
vom 24. bis 27. September 1981

„Götz von Berlichingen"
Friedrich Schütter (Götz)

„Der Räuber Hotzenplotz"
Ingo Feder (Räuber
Hotzenplotz)

„Tartuffe"
Doris Gallart (Dorine)

1982

Friedrich Schütter gibt den Götz, Karl-Heinz Mantel überzeugt als Weislingen und Doris Gallart als Adelheid. Molières Komödie „Tartuffe" wird als Freilichtstück inszeniert und „Der Räuber Hotzenplotz" als Kinderstück.

Götz Baron von Berlichingen,
Friedrich Schütter,
Albert Feinauer

1983

„Götz von Berlichingen"
Olaf Bison (Weislingen),
Günter Malzacher (Götz)

„Die lustigen Weiber
von Windsor"
Christian Tramitz (Fenton),
Cornelia Korba (Anne
Page), Silvia Reize
(Mrs. Page), Olaf Bison
(Mr. Page)

„Pinocchio"
Gernot Kleinekemper
(Pinocchio), Brigitte Alexis
(Katze), Franjo Marincic
(Fuchs)

1983
Jo Hess wird für ein Jahr Intendant.

„Götz von Berlichingen"
Probenfoto:
Günter Malzacher (Götz),
Olaf Bison (Weislingen)

„Götz von Berlichingen"
Wolfgang Reichmann (Götz), Bertram von Boxberg (Georg)

„Romeo und Julia"
Willi Kowalj (Romeo), Katerina Jacob (Julia)

„Max und Moritz"
Bertram von Boxberg (Max), Robert Flörke (Moritz, vorne) mit Kindern aus Jagsthausen

„Das Jahrmarktsfest zu Plundersweilern"
Ernst Stankovski, Hans Clarin, Doris Gallart in mehreren Rollen

1984

Ellen Schwiers wird die erste weibliche Intendantin in Jagsthausen (bis 1989).

Ellen Schwiers

Ensemblevorstellung „Der gestiefelte Kater" mit Intendantin Ellen Schwiers

1985

„Götz von Berlichingen"
Daniela Ziegler (Adelheid),
Mogens von Gadow
(Bischof von Bamberg),
Burkhard Jahn (Franz)

„Der gestiefelte Kater"
Szenenfoto mit Bühnenbild
von Christian Masuth

„Die drei Musketiere"
Holger Schwiers (Athos),
Hans Herzog (Porthos),
Thomas Biel (Aramis)

1985

Probenbesprechung „Götz
von Berlichingen" mit Regieteam Ellen Schwiers und Jan
Aust sowie Albert Feinauer

1986

„Götz von Berlichingen"
Peter Gross (Weislingen),
Hans Herzog (Götz),
Evelyn Plank (Maria)

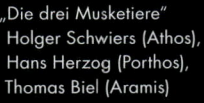

„Die drei Musketiere"
Holger Schwiers (Athos),
Hans Herzog (Porthos),
Thomas Biel (Aramis)

„Der Teufel mit den drei
goldenen Haaren"
Ben Hecker (Teufel),
Hanna Reiners (Alte Müllerin), Gerald Hungbauer
(Felix, der Raabe)

1986

Die Burgfestspiele werden seit 1950 von über einer Million Menschen besucht.

Intendantin Ellen Schwiers,
2. Vorsitzender Albert
Feinauer, Ministerpräsident
Lothar Späth, Bürgermeister
Roland Halter,
1. Vorsitzender Götz Baron
von Berlichingen

1987

„Mutter Courage und ihre Kinder"
Ellen Schwiers (Mutter Courage)

„Dornröschen"
Britta Bayer (Dornröschen),
Franz Kanstinger (Prinz)

„Die drei Musketiere"
Szenenfoto

„Götz von Berlichingen"
Rüdiger Bahr (Götz)

1987

Gründung des Fördervereins Freunde der Burgfestspiele Jagsthausen e. V.
1. Vorsitzender ist der spätere Bundespräsident Prof. Dr. Roman Herzog.

Festspielausflug Silvretta im September 1987
rechts: Gründungsversammlung am 16. Oktober 1987:
v. l. stehend: Eberhard Härter, Heike Ladewig, Landrat Otto Widmaier, Götz Baron von Berlichingen, Margot Layher; v. l. sitzend: Bürgermeister Roland Halter, Prof. Dr. Roman Herzog, Rechtsanwalt Dieter Schnabel

1988

„Aschenputtel"
Britta Bayer (Aschenputtel),
Christoph Schmidt (Prinz)

„Götz von Berlichingen"
Reiner Scheibe (Götz),
Brigitte Röttgers (Elisabeth),
Britta Bayer (Maria),
Manfred Schermutzki
(Sickingen), Gottfried
Baron von Berlichingen
oder Timo Dietz (Karlchen)

„Der Widerspenstigen
Zähmung"
Ben Hecker (Petruchio),
Katerina Jacob (Katharina)

1988

1. Benefizveranstaltung der
Freunde der Burgfestspiele
Jagsthausen e. V. mit dem
damaligen Ministerpräsidenten
Lothar Späth; rechts stehend:
Bürgermeister Roland Halter,
Götz Baron von Berlichingen

1989

„Götz von Berlichingen"
Rüdiger Bahr (Götz)

„Der Ritter vom Mirakel"
Gerhard Haase-Hindenberg (Kees), Ben Hecker (Van der Meulen)

„Der Widerspenstigen Zähmung"
v. l.: Katerina Jacob (Katharina), Ben Hecker (Petruchio), Mogens von Gadow (Grumio), Franz Kanstinger (Curt)

„Der Räuber Hotzenplotz"
Hanna Reiners (Kasperls Großmutter), Veit Stübner (Räuber Hotzenplotz)

1989

40-jähriges Jubiläum der Burgfestspiele. Zu diesem Anlass erscheint eine Dokumentationsserie in der *Heilbronner Stimme*. Erwerb des Gebäudes Keltergasse 8, die heutige Schneiderei, durch den Gesellschafter Heimat- und Verkehrsverein e. V.

40 Jahre Burgfestspiele Jagsthausen

rechts: Albert Feinauer, Götz Baron von Berlichingen, Werner Kieser, Lutz Wagner im SWR-Studio Heilbronn

"Götz von Berlichingen"
Frank Hoffmann (Götz)

"Das Feuerwerk"
Ingrid Stein (Tante Paula),
Thomas Stroux (Obolski),
Eva Röder (Tante Berta),
Laienschauspieler

"Des Kaisers neue Kleider"
v. l. n. r.: Werner Langanke (Minister), Günter Hörner (Kaiser), Ingrid Stein (Schneidermeisterin Kluge), Ronny Thalmeyer (Geselle Fritz), Robert Remmler Staatssekretär

1990

Einführung des Genres Musical. Das erste Musical im Burghof ist „Das Feuerwerk". Als Kinderstück steht „Des Kaisers neue Kleider" auf dem Programm. Götz-Darsteller ist Frank Hoffmann. Rüdiger Bahr wird Intendant.

Ellen Schwiers, Helga Wolf

1991

"Götz von Berlichingen"
Gerhard Lippert (Weislingen), Hans-Peter Hallwachs (Götz)

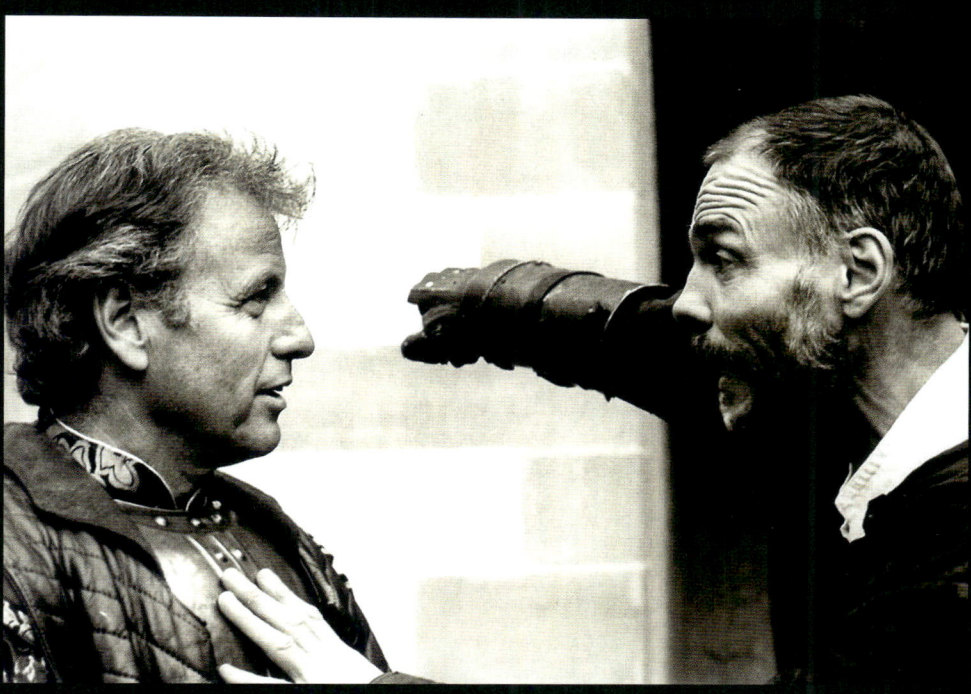

"My Fair Lady"
Probenfoto: Petra Constanza (Eliza Doolittle), Helga Wolf (Regisseurin, vorne)

"Kasper auf der Ritterburg"
Egon Lux (Herr Klotz, Dorfschulze), Aneke Wehberg (Eva)

1991

Im Spielplan: „Götz von Berlichingen" (mit Hans-Peter Hallwachs), das Musical „My Fair Lady" und das Kinderstück „Kasper auf der Ritterburg".
Außerdem gastieren „Der Liebesfrühling" im Rittersaal, „Zum Beispiel Deutschland", „Lieder und Tänze aus sieben Jahrhunderten", die Oper „Die verkaufte Braut" sowie „Amphitryon".

Chorproben für „My Fair Lady"

„My Fair Lady"
Petra Constanza (Eliza Doolittle), Rüdiger Bahr (Dr. Doolittle)

„Max und Moritz"
Meike Sims (Helene), Erkki Hopf (Max), Harald Pilar von Pilchau (Moritz)

1992

Die Burgfestspiele schaffen eine neue Beleuchtungs- und Beschallungsanlage an. Neben „Götz von Berlichingen" (gespielt von Jochen Striebeck) wird erneut „My Fair Lady" aufgeführt sowie das Kinderstück „Max und Moritz". „Lieder und Tänze aus sieben Jahrhunderten" und die Komödien „Viel Lärm um nichts" und „Campiello" ergänzen das Programm.
Ellen Schwiers wird bis 1994 erneut Intendantin.

Jochen Striebeck (Götz) im Gespräch mit dem Regieteam Ellen Schwiers und Jan Aust

1993

„Götz von Berlichingen"
Alexander Strobele (Weislingen), Jochen Striebeck (Götz)

„Das tapfere Schneiderlein"
Jürgen Lier (Kraftmeier, links), Evelyn Fuchs (Prinzessin, Mitte), Thomas Klllinger (Schneider Fridolin Meck, Mitte), Eva Röder (Die Mus-Kathrein, rechts)

„My Fair Lady"
Gianni Meurer (Tänzer, links), Petra Constanza (Eliza Doolittle), Alexander Grünwald (Tänzer, rechts), Patrice Gilly (Billy), Theresa Crumb (Tänzerin)

1993

Albert Feinauer, Gründungsmitglied der Burgfestspiele und Bürgermeister im Ruhestand, muss krankheitsbedingt sein Amt als Geschäftsführer aufgeben. Bürgermeister Roland Halter wird neuer Geschäftsführer.
Im Programm: „Götz von Berlichingen", „My Fair Lady", „Was ihr wollt" und „Das tapfere Schneiderlein" sowie die Gastspiele „Die Feuerzangenbowle", „Geschichten, Anekdoten, Wahrheiten" und ein „Festliches Bläserkonzert".

Einstieg ins EDV-Ticketing.

Empfang im Park der Götzenburg: Götz Baron von Berlichingen, Ellen Schwiers, Ministerpräsident Erwin Teufel mit Ehefrau Edeltraud

„Götz von Berlichingen"
Jochen Striebeck (Götz),
Frieder Neumann (Karlchen)

„Aladin und die Wunderlampe"
Josefine Merkatz (Sitta, Kammerfrau, ganz links), Anna Schwemmer (Sultans Tochter), Klaus Schürmann (Sultan)

„Was ihr wollt"
Alexander Strobele (Orsino, Herzog von Illyrien), Josefine Merkatz (Viola, Schwester Sebastians)

„Anatevka"
Rainer Luxem (Tevje, rechts)

1994

Der 1. Vorsitzende der Burgfestspiele Götz Baron von Berlichingen stirbt unerwartet.
Bundespräsident Roman Herzog wird neuer Schirmherr.
Bis 1994 begrüßen die Burgfestspiele 1 577 848 Besucher.
Auf dem Spielplan stehen „Götz von Berlichingen" (Jochen Striebeck erneut in der Hauptrolle), „Anatevka", „Was ihr wollt" und „Aladin und die Wunderlampe" sowie die Gastspiele „Heute wieder Hamlet" und erneut „Lieder und Tänze aus sieben Jahrhunderten".

Bürgermeister Roland Halter, Götz Baron von Berlichingen, Bundespräsident Roman Herzog während der 45. Spielzeit der Burgfestspiele

1995

"Götz von Berlichingen"
Saskia Fischer (Adelheid),
Frank Hangen (Liebetraut),
Jan Aust (Bischof von Bamberg)

"Anatevka"
Rainer Luxem (Tevje)

"Der gestiefelte Kater"
Anna Schwemmer (Prinzessin Julia), Thomas Killinger (Kater), Klaus Schürmann (König Kasimir)

1995

Von der Mitgliederversammlung wird Alexandra Baronin von Berlichingen nach dem Tod ihres Mannes zur 1. Vorsitzenden des Heimat- und Verkehrsvereins gewählt. Roland Halter wird 2. Vorsitzender und Jürgen Bircks 3. Vorsitzender.

Arnold Petersen übernimmt für zwei Spielzeiten die Intendanz der Burgfestspiele.

Im Programm: „Götz von Berlichingen", „Anatevka" und „Der gestiefelte Kater". Es gastieren „Wer einmal lügt dem Richling", „Liederlich' Musik, satirisch Sprüch'" und „Heute Abend: Petra Constanza".

Alexandra Baronin von Berlichingen, Bundespräsident Prof. Dr. Roman Herzog und Ehefrau Christiane

1996

„Götz von Berlichingen"
Frank Deesz (Olearius),
Bettina Fless (Adelheid),
Jan Aust (Bischof von
Bamberg), Peter Zeiler
(Liebetraut)

„Kiss me, Kate"
Michael Flöth (Fred
Graham/Petruchio), Petra
Constanza (Lilli Vanessi/
Katharina)

„Schneewittchen" (Britta
Focht) mit Kindern der
Grundschule Jagsthausen

1996

Raimund Harmstorf spielt „Götz von Berlichingen". „Kiss me, Kate", „Schneewittchen", „Das Jahrmarktfest zu Plundersweilern" werden aufgeführt.
Gastspiele: „Kein Schwein ruft mich an" mit Max Raabe, „Musical Gala Petra Constanza" und „Nur der, der lebt, lebt angenehm".

Bühnenbildbesprechung
Heidrun Schmelzer und
Helga Wolf zu „Kiss me, Kate"

„Götz von Berlichingen"
Jürgen Watzke (Götz),
Renate Schauss (Elisabeth)

Jürgen Watzke verstirbt vor der letzten Vorstellung in Schloss Rossach. Intendant Jochen Striebeck liest die letzte Vorstellung.

„Rumpelstilzchen"
Britta Focht (Müllerstochter),
Raphael Clamer
(Rumpelstilzchen, jung)

1997

Jochen Striebeck wird neuer Intendant der Burgfestspiele.

Im Programm: „Götz von Berlichingen" (gespielt von Jürgen Watzke), die musikalische Komödie „Kiss me, Kate" und das Kinderstück „Rumpelstilzchen".

Das Palastorchester um Max Raabe spielt „Kein Schwein ruft mich an" und „Carmen, hab Erbarmen". Außerdem wird „Blechschaden" by Bob Ross mit dem Bläserensemble der Münchner Philharmoniker präsentiert.

„Götz"-Premierenfeier
v. l.: Intendant Jochen Striebeck, Götz Baron von Berlichingen, Geschäftsführerin Alexandra Baronin von Berlichingen, Götz-Darsteller Jürgen Watzke

1998

„Don Quijote – Der Mann von La Mancha"
Susanne Walbaum (Aldonza)

„Götz von Berlichingen"
Thomas Thieme (Götz),
Wolfram Ehrenfried (Selbitz)

„Der Diener zweier Herren"
Robert Remmler (Dottore Lombardi), Hagen Marks (Pantalone)

„König Drosselbart"
Katrin Gerken (Prinzessin, rechts), Hermine Fahrenbruch (Köchin), Olaf Paschner (2. Freier), Stephan Schill (5. Freier)

1998

1 751 761 Besucher seit 1950 bei den Burgfestspielen, d. h. an 17 885 Tagen durchschnittlich täglich rund 98 Besucher in Jagsthausen. Seit 1950 sind über 1 500 Schauspieler bei den Burgfestspielen engagiert. Seit 1950 finden insgesamt 1 093 Vorstellungen statt.

Thomas Thieme ist Götz von Berlichingen. Das Musical „Don Quijote – Der Mann von La Mancha", „Der Diener zweier Herren" und das Kinderstück „König Drosselbart" werden aufgeführt. „Mein kleiner grüner Kaktus" und „Blechschaden" by Bob Ross stehen als Gastspiele auf der Bühne.

Roland Halter, Alexandra Baronin von Berlichingen, Thomas Thieme, Thomas Schick

1999

„Die Fledermaus"
Ulrich Gentzen (Gabriel von Eisenstein), Ingeborg Zwitzers (Rosalinde, seine Frau)

„Der Diener zweier Herren"
Karin Winkler (Beatrice, als Mann verkleidet), Hagen Marks (Pantalone), Olaf Paschner (Oberkellner)

„Götz von Berlichingen
Hartmut Volle (Weislingen), Svenja Pages (Adelheid)

„Pippi Langstrumpf"
Ines Köhler, Marion Mockler (Pferd Kleiner Onkel), Isabel Arlt (Pippi)

1999

Die Burgfestspiele feiern ihr 50-jähriges Bestehen. Die Aufführungen von „Götz von Berlichingen", „Die Fledermaus" und „Pippi Langstrumpf" werden zu einem großartigen Erfolg auch für Intendant Jochen Striebeck. Zum 50-jährigen Jubiläum wird ein Film zu den Burgfestspielen gedreht und das Buch „… denkt, Ihr seid wieder einmal beim Götz!" veröffentlicht.
Die Landesgirokasse ist erster Sponsor der Burgfestspiele.
Die Digitalisierung schreitet voran: Einführung der ersten Festspiel-Website.

50 Jahre Burgfestspiele Jagsthausen

Vier Intendanten – vier Handschriften

2000–2008

Götz von Berlichingen
Die Fledermaus
Mutter Courage und ihre Kinder
Dornröschen
Evita
Faust
Aschenputtel
Der eingebildete Kranke
Pinocchio
Ein Käfig voller Narren
Nathan der Weise
Das Dschungelbuch
Cabaret
Amphitryon
Nathan der Weise
Dschungelbuch II – Mowglis Rückkehr
Piaf
Des Teufels General
Max und Moritz
Jesus Christ Superstar
Der Hauptmann von Köpenick
Der Räuber Hotzenplotz
Camelot
Hamlet
Arsen und Spitzenhäubchen
Ali Baba und die 40 Räuber
Der kleine Horrorladen
Der zerbrochne Krug
Schneewittchen

Jan Aust
Der bodenständige Ästhet aus Lüneburg

Fragt man Weggefährten, wie er denn als Mensch, als Regisseur und Intendant so war, dieser Jan Aust, ähneln sich die Antworten: „Er war wie ein gütiger Vater,", sagt der Schauspieler Timo Ben Schöfer. „Ein toller Mensch", erinnert sich sein Kollege Willi Welp, „immer ruhig und mit Fröhlichkeit dabei. Er hat immer darauf vertraut, dass alles gut wird." Eine, die jahrelang als seine Referentin und Regieassistentin neben ihm saß, ist Miriam Baghai-Thordsen. „Er hat einmal gesagt: Entweder du hasst die Menschen oder du liebst sie. Ich habe mich für Letzteres entschieden." Ein Zitat, das die Persönlichkeit Jan Austs in einem Satz zusammenfasst. „Er hat wohlwollend auf alles geschaut, hat durchaus die Schwächen der anderen gesehen, sie aber ertragen", erinnert sich die gebürtige Jagsthäuserin.

Jan Aust, am 16. Januar 1941 in Bremen geboren, war ein großer Menschenfreund und ein leidenschaftlicher Theatermann. Aus einer Theaterfamilie stammend, studierte er zunächst Theaterwissenschaft, Germanistik und Anglistik, bevor er die Schauspielschule besuchte. Als Schauspieler und Regieassistent wirkte er am Deutschen Schauspielhaus in Hamburg unter Gustaf Gründgens und Oskar Fritz Schuh und trat mit Größen wie Tilla Durieux, Paula Wessely und Will Quadflieg auf. 1976 holte ihn Ida Ehre als Chefdramaturg an die Hamburger Kammerspiele, die die große Schauspielerin und Regisseurin 1945 gegründet und zu einer der führenden Bühnen im Nachkriegsdeutschland gemacht hatte. Er blieb bis zu Ehres Tod 1989 an den Kammerspielen, bevor er das Rennen um die Intendanz am Theater Lüneburg gewann.

1976 führte Jan Austs Theaterweg erstmals nach Jagsthausen. Bis weit in die neunziger Jahre stand er regelmäßig als Schauspieler auf der Burghofbühne, u. a. als Selbitz und Bischof im Traditionsstück „Götz von Berlichingen" von Johann Wolfgang von Goethe. Auch in Kleists „Der zerbrochne Krug", in „Die drei Musketiere" und „Pippi Langstrumpf" trat er auf. Bis in die späten neunziger Jahre übernahm er auch Fernsehrollen, u. a. im „Tatort". In der Intendanz von Ellen Schwiers füllte Jan Aust von 1984 bis 1989 und 1992 bis 1994 die Funktion des stellvertretenden künstlerischen Leiters der Burgfestspiele aus, bevor er von 2000 bis 2008 als Intendant für das Theatergeschehen in Jagsthausen verantwortlich war. Niemand sonst war in so vielen Funktionen so lange mit dem Festspielort im Jagsttal verbunden wie Jan Aust.

Jan Aust

Probenbesprechung mit Miriam Baghai-Thordsen, Jan Aust und Hagen Marks

Viele, die Jan Aust persönlich kannten, haben seine bedächtige Art zu sprechen und sein freundliches Wesen in guter Erinnerung. Vielleicht hat ihn die langjährige Erfahrung in der Zusammenarbeit mit Ellen Schwiers zu dem besonnenen Menschen gemacht, den alle schätzten. Während Ellen Schwiers, wie etliche Zeitzeugen berichten, oft brüllte, schrie und in Tränen ausbrach, kultivierte Jan Aust seinen Ruf als bodenständiger Theaterästhet, der immer und für alle ein offenes Ohr hatte. Unaufgeregtheit statt Kontrollverlust. Nicht ganz so drastisch drückt es der Schauspieler Frank Hangen aus, den Ellen Schwiers 1994 aus Regensburg nach Jagsthausen geholt hatte, und der bis 2014 mit wenigen Unterbrechungen den Burgfestspielen treu blieb: „Ellen Schwiers war gern auch mal 'ne Drama-Queen. Sie hat es aber immer geschafft, die Situation so zu drehen, dass hinterher alle lachen konnten." Eine Ikone ihrer Zeit eben, die sich auch so benahm.

Jan Aust als Selbitz in „Götz von Berlichingen" (1987)

Ausgeglichenes Naturell

„Er hatte durchaus Temperament und war jähzornig in jungen Jahren", erzählt Austs Tochter Charlotte Aust, „doch er hat gelernt, es unter Kontrolle zu kriegen." Nach außen war Jan Aust „ein sehr geduldiger Regisseur", sagt seine langjährige Assistentin. Aber sie wusste auch, dass er innerlich nicht immer so ruhig war, es oft in ihm brodelte. Doch kurz vor dem Explodieren kam immer der Satz: „Wir holen jetzt erst mal 'nen Kaffee." Gern wird folgende Anekdote um Ellen Schwiers und Jan Aust kolportiert, die beide jahrelang mit einem herzhaften Lachen weitererzählt haben: Eines schönen Tages wollte die Intendantin wutentbrannt den Festspielort verlassen, an dem man nicht vernünftig arbeiten könne und überhaupt. Jan Aust wusste sich nicht anders zu helfen, als sich vor das Auto von Ellen Schwiers zu legen, um deren Flucht zu vereiteln. Wenn es darauf ankam, setzte Jan Aust nicht nur seinen Geist und seinen Intellekt ein, sondern auch seinen Körper.

Da Jan Aust ab 1991 auch Intendant des Drei-Sparten-Theaters Lüneburg war, ein Amt, das er bis 2010 innehatte, ergaben sich vielfältige Synergieeffekte mit Jagsthausen. Sein einfühlsamer und fürsorglicher Führungsstil, sein ausgeglichenes Naturell und seine soziale Einstellung haben in einer Branche, in der auch viel mit den Ellenbogen gearbeitet wird, manchmal dazu geführt, dass man Jan Aust unterschätzte. Denn er war ein gewiefter politischer Stratege. Er hat nicht nur die Existenz des Theaters Lüneburg gerettet, sondern setzte dort auch eine Junge Bühne durch. Sein Verhandlungsgeschick sorgte für die notwendige Rückendeckung, die Theater braucht – auch in Jagsthausen.

In seinen 2001 erschienenen Erinnerungen (Neues Leben/Eulenspiegel Verlagsgruppe Berlin) „Man stirbt doch nicht im dritten Akt!" stellt der Schauspieler Peter Bause – richtig, der mit den roten Haaren – fest: „Jan Aust ist ein honoriger Mensch." Er schildert eine Anekdote als Chefdramaturg unter Ida Ehre, die Aust in einem Dilemma zeigt, aus dem er mit seiner sozialen Einstellung sicher zumindest für ihn zufriedenstellend herausgefunden hat: „Ida Ehre überließ ihm die Geschäfte, besonders die Gagenverhandlungen. Sie hielt den Geldbeutel verschlossen oder öffnete ihn nur einen Spalt. Jan Aust musste das vor den Kollegen vertreten, und unter den Hamburger Schauspielern ging der Satz um, man spiele bei Ida Ehre nicht für Geld, sondern für die Ehre." Ehre und Vertrauen sind zwei zentrale Begriffe, die über der Begegnung zwischen Peter Bause und Jan Aust irgendwann im Jahr 1999 im noblen Restaurant

„Götz von Berlichingen"
(2000)
Peter Bause (Götz),
Hellena Büttner (Elisabeth,
links) mit Jagsthäuser
Laien als Götz-Knechte

Winterhuder Fährhaus in Hamburg schwebt: „Jan Ast kaufte mich per Handschlag und ohne zu zögern als Götz von Berlichingen ein und unbekannterweise meine Frau (Hellena Büttner) als meine Frau Elisabeth in dem Stück dazu. Er vertraute mir und ich ihm. Das sind seltene Momente in unserem Beruf, der davon lebt, ständig ein Pfauenrad zu schlagen." Heute hat Peter Bause Jan Aust als einen der freundlichsten und nachsichtigsten Intendanten in Erinnerung, die er je kennengelernt hat.

Herzensangelegenheit

Jagsthausen war für Jan Aust eine Herzensangelegenheit in doppelter Hinsicht. 1976/77 hat er seine Frau Katharina, Apothekertochter aus Schöntal, kennen- und lieben gelernt. Ihre Tochter Charlotte Aust ist mit den Burgfestspielen aufgewachsen und wirkte bis zu Jan Austs Ausscheiden in Jagsthausen als Regieassistentin. 32 Jahre lang hat der gebürtige Bremer seine Sommerferien im Jagsttal mit Arbeit verbracht. „Geklagt hat er nie. Es war ihm wirklich eine Herzensangelegenheit." Wie tief sich der Mythos Jagsthausen in die Psyche von Jan Aust eingegraben hatte, zeigt eine Bemerkung seiner Tochter: „Als Jagsthausen für ihn zu Ende war, juckt es ihn Anfang Mai in seinem Haus bei Lüneburg immer in den Fingern. ‚Jetzt beginnen die Proben', sagte er dann."

Für eine gedeihliche Teamarbeit ist Offenheit das erste Gebot. „Mein Vater hatte großes Vertrauen in sein Team und Respekt vor anderen Menschen. Er gab den Neuen Vertrauensvorschuss und war ein wunderbarer Zuhörer. Das hat ihn zu einem fähigen Vermittler zwischen den verschiedensten Ebenen gemacht, künstlerisch wie politisch. Auf dieser Ebene konnte er agieren und zusammenführen", analysiert Charlotte Aust. Er war immer da für das Seelenheil der Schauspieler. Er hat etliche von ihnen in Lebenskrisen manchmal wortreich, manchmal wortlos begleitet. Er war treu seinen Leuten gegenüber. So etwas findet man in der Branche eher selten. 2016 starb Jan Austs Ehefrau Katharina. Jan Aust folgte ihr am 26. April 2023 im Alter von 81 Jahren nach. Seine Beerdigung am 11. Mai 2023 in seinem Wohnort Barnstedt bei Lüneburg war wie ein großes Klassentreffen.

Auf der Bühne: Die Festspielleitung um Jürgen Bircks, Alexandra Baronin von Berlichingen und Roland Halter verabschiedet Intendant Jan Aust (2. v. l.) am Ende der Spielzeit 2008

„Faust", „Hamlet", „Aschenputtel" – ein Herz für Klassiker und Kinderstücke

Jan Aust inszenierte in Jagsthausen nicht nur eine Reihe großer Klassiker wie etwa mehrfach im Burghof Goethes „Götz von Berlichingen", den „Faust", Gotthold Ephraim Lessings „Nathan der Weise", Carl Zuckmayers „Des Teufels General" und „Der Hauptmann von Köpenick", William Shakespeares „Hamlet", Heinrich von Kleists „Der zerbrochne Krug" und Joseph Kesselrings „Arsen und Spitzenhäubchen". Auch das junge Publikum lag ihm sehr am Herzen. Das zeigen zahlreiche Inszenierungen, die den Kindern in Erinnerung bleiben und im besten Fall den Grundstein für eine spätere Theaterbegeisterung legten wie z. B. „Das Dschungelbuch", „Aschenputtel", „Max und Moritz", „Der Räuber Hotzenplotz" und „Schneewittchen".

Jan Aust legte Wert auf künstlerische Solidität, Sprachkunst und Publikumsnähe. Die Stücke so zu zeigen, dass sie das Publikum versteht: Das war immer sein Credo. Theater für jede Zielgruppe und jeden Geschmack zu bieten ist in Dörfern wie Jagsthausen oder Kommunen wie Lüneburg eine Überlebensfrage. Nischen- und Experimentaltheater, das Metropolen wie Hamburg oder Berlin auszeichnet, ist in der Provinz schlicht nicht zu finanzieren.

„Er wollte keine Theatervisionen verwirklichen", sagt der Schauspieler Timo Ben Schöfer, „und kein Regietheater machen, das neue Welten entwirft. Jan Aust hat den Geschichten vertraut und versucht, sie am Text entlang auf flüssige, wohlschmeckende Art rüberzubringen. Er wollte auch unterhalten, kurzweilig sein. Und das mussten wir ja auch." Jan Aust fragte schon als Assistent seine Intendantin Ellen Schwiers: „Warum macht ihr eigentlich kein Kindertheater?" Woraufhin diese antwortete: „Es gibt da keine guten Geschichten. Schreib halt selber was." Das tat er dann auch.

Jan Aust hat sich einen kindlichen Blick bewahrt. „Es hat ihm Freude gemacht, den Kindern den Spaß am Theater zu vermitteln, und er hat als Regisseur versucht, die Geschichten so zu erzählen, dass die Kinder mitgehen und vor Begeisterung kreischen." Der Mittelgang musste frei bleiben – „Den brauchen wir fürs Spielen" –, und es war Jan Aust immer wichtig, persönlich vor das Publikum zu treten und zu signalisieren: Wir sind hier, wir sind real und machen das für euch und mit euch zusammen. Wie er mit großer Freude und Hingabe inszenierte, hat er auch in die Kinderstücke oft Figuren hineingeschrieben, die für Action sorgten, hat bei Thomas Killinger Musik in Auftrag gegeben, Wert auf anspruchsvolle Bühnenbilder gelegt: „Es war alles echt, nie Konserve", versichert Miriam Baghai-Thordsen. Den Kollegen hat er Spielräume gegeben, nur manchmal eingegriffen: Er hat sie machen lassen. In der Ära Aust gab es auch mal Abendvorstellungen vom Märchen und begrüßte eine handgemachte Geisterbahn die Besucher.

Theater für Kinder zu machen zählt mit zum Schwierigsten, hat auch ein mit allen Wassern gewaschener Haudegen wie Peter Bause erfahren. „Kinderstücke zu spielen ist wirklich eine Herausforderung erster Güte. Ich habe diese Stücke gespielt und inszeniert, und man darf dabei nie vergessen, dass die Kinder unsere Zuschauer von morgen sind ... Kinderstücke sind hochgefährlich", schreibt Bause in seinen Erinnerungen.

„Faust" (2000/01)
Peter Bause (Faust),
Peter Cwielag (Mephisto)

„Nathan der Weise"
(2003/04)
Natascha Clasing (Recha),
Cornelia Drese (Daja),
Günter Mack (Nathan)

Lessings „Der Hauptmann
von Köpenick" (2006)
Peter Bause (Schuster Voigt)

Carl Zuckmayers
„Des Teufels General" (2005)
Anna Bause (Waltraut von
Mohrungen), Frank Hangen
(Lüttjohann), Peter Bause
(Harras), Agnes Müller
(Anne Eilers), Michael
Marwitz (Friedrich Eilers)

„Der Geizige" (2006)
Jürgen Hoppe (Monsieur Simon), Britta Focht (Èlise), Henning Karge (Cleante)

„Hamlet" (2007)
Henning Karge (Rosenkranz), Timo Ben Schöfer (Hamlet), Olaf Paschner (Horatio)

Joseph Kesselrings „Arsen und Spitzenhäubchen" (2007/08)
Timo Ben Schöfer (Mortimer Brewster), Dinah Hinz (Abby Brewster), Doris Gallart (Martha Brewster)

"Dschungelbuch II – Mowglis Rückkehr"
William Workman (Mowgli), Henning Karge (Affenkönig Ludwig) mit Kindern der Grundschule Jagsthausen

"Der Räuber Hotzenplotz" (2006)
Olaf Paschner (Räuber Hotzenplotz)

"Ali Baba und die 40 Räuber" (2007)
William Workman (Ali Baba), Sascha Littig (Kemal)

"Schneewittchen" (2008)
Stefanie Büttner (Schneewittchen) mit Kindern der Grundschule Jagsthausen

Deutscher Shakespeare

Dieser Herausforderung hat sich Jan Aust mit Lust und Liebe gestellt. Und mit Erfolg: „In abwechslungsreichen Szenen gelingt es ihm, Leises und Lautes, Komisches und Trauriges zu mischen. … Eben noch helles, unbeschwertes Lachen, dann Betroffenheit bei den gespannten Kindern. … Das Ensemble geht durch die Bank in seinen Rollen auf. Allen voran Natascha Clasing in der Titelrolle", heißt es in einer Kritik zu „Aschenputtel" 2001. Sein großes Engagement für Kinder erscheint heute umso mutiger und bemerkenswerter, weil alles, was mit Kindern, Jugendlichen und Frauen zu tun hat, noch immer von der Politik als weniger wichtig erachtet wird und meist unterbezahlt ist.

Im neuen Jahrtausend sah das Publikum zu Beginn der 51. Spielzeit am 15. Juni 2000 Jan Austs erste „Götz von Berlichingen"-Inszenierung. „Er hat sich sehr gefreut, selbst den ‚Götz' zu inszenieren, nachdem er jahrelang in dem Stück mitgespielt hatte", sagt Austs Tochter Charlotte Aust. Der junge Goethe, der einen deutschen Shakespeare schreiben wollte, hielt sein eigenes Stück für unaufführbar wegen der Fülle der Themen und Stoffe. Aust ließ die bearbeitete zweite Fassung spielen mit Elementen des Ur-Götz und mit Passagen einer dritten Fassung von Goethe und Schiller von 1803/04 für eine Bühnenversion in Weimar. Den Charakter des Götz so klar wie möglich zeichnen, die Handlung des Stückes nachvollziehbar erzählen, das zeitliche Umfeld deutlich machen, Parallelen zur heutigen Zeit aufzeigen, und die Spannung und den Schwung des genialen jungen Goethe, der mit diesem Stück ein ganzes literarisches Zeitalter prägte, erhalten: Das war das Ziel des frischgebackenen Intendanten. Mit Peter Bause in der Titelrolle und Ursela Monn als Adelheid ist ihm das perfekt gelungen.

Eine „schlüssige, werktreue, spannende, straffe und elegante Inszenierung … mit einem großartigen Peter Bause in der Titelrolle", sah die Kritik, „eine bodenständige, ehrliche Inszenierung ohne Klimbim." Hauptdarsteller Peter Bause ging noch einen Schritt weiter: „Der Einstieg des neuen Intendanten Aust mit mir als Götz war fulminant. Man soll vorsichtig sein mit solchen Bemerkungen, besonders wenn sie die eigene Arbeit betreffen. Aber ich sage es, weil es so war", hält er in seinem Erinnerungsbuch fest. Beim Lesen sei ihm schlagartig die Lesart für den „Götz" klar geworden: ein Kriminalstück erster Klasse. Schnelle und erkennbare Abläufe der einzelnen Handlungsstränge ohne langatmige Umbauten ergaben, so Bause, einen Abend, der die Zuschauer immer schneller und soghaft mitnahm und an dem modern gesprochen wurde, ohne modernistisch zu werden. „Keine Schnörkel, kein theatralisches Stimmbibbern, keine endlosen Überlegungen. Die Menschen vor 500 Jahren mussten rasch und schnell und fit denken. Wer das nicht konnte, wurde ausgeraubt oder totgeschlagen oder was weiß ich", erinnert sich Bause. Sein Götz war ein Kämpfer für die Gerechtigkeit, ein „Kohlhaas, tapfer bis zum Tod".

Intendant und „Götz"-Regisseur Jan Aust im Gespräch mit Ursela Monn (Adelheid)

„Götz von Berlichingen"
(2000/01)
Ursela Monn (Adelheid)

Szenenfoto „Aschenputtel"
(2001)
Henning Karge (Prinz),
Natascha Clasing
(Aschenputtel), u. a. Laien
und Kinder der Grundschule
Jagsthausen

Peter Bause ist Götz von
Berlichingen (2000/01)

„Götz von Berlichingen"
(2000/01)
Britta Focht (Maria),
Peter Bause (Götz),
Hellena Büttner (Elisabeth)

Mehr Goethe war nie

Ursela Monn als Adelheid und Peter Cwielag als Weislingen, „in ihren Rollen voller Hass aufeinander", dazu Bauses Frau Hellena Büttner als Elisabeth, „die das Bild von der Burgfrau geraderückte … Das alles war neu und Jan Aust folgte uns in unseren Absichten. Ich wurde als der beste Berlichingen seit 50 Jahren gefeiert. Die mir nicht so günstig gesinnt waren, meinten: der beste seit 40 Jahren", lässt Peter Bause ein bisschen Ironie durchschimmern. Heute sagt er: „Wir haben den ‚Götz' damals entstaubt. Jan Aust ließ uns alle Freiheiten." Bause war in jeder Pose Berliner Ensemble. Mit ihm hat Jan Aust stundenlang gesprochen. Und dazu noch Peter Cwielag als zweite Schauspielergröße aus dem Osten – da war Dynamik drin. Jan Aust hat moderiert, und die anderen sozusagen drumherum inszeniert. Weil er jedes Ensemblemitglied so nahm, wie es war, konnte er mit den Ikonen der Berliner-Ensemble-Kultur ebenso gut umgehen wie mit Berufsanfängern, Stadttheater-Mimen und den Laien. Sein größtes Inszenierungsgeschick war es, Menschen zusammenzuführen und ihnen zu vertrauen.

Der „Götz von Berlichingen"-Erfolg setzt sich 2001 für das Produktionsteam fort: „Bauses Götz trifft die Seelenlage eines Mannes, der nur noch ein Anachronismus ist, ganz genau. Ihm zuzusehen und zuzuhören, wie er das menschliche Gefühl, nicht mehr gefragt zu sein, nachfühlbar macht, ist ein Genuss", schreibt ein Kritiker. In diesem Jahr hat Jagsthausen nicht nur Goethes Frühwerk aus dem Sturm und Drang, „Götz von Berlichingen", im Köcher, sondern auch das größte Werk des Dichters, sein reifes Altersopus „Faust I". Mehr Goethe war in den letzten 25 Jahren bei den Burgfestspielen nie. Und wer inszeniert den „Faust"? Natürlich Aust. Wieder mit Peter Bause und Peter Cwielag. Erstmals eröffneten die Burgfestspiele 2001 die Spielzeit auf einer neuen Tribüne nicht mit dem Traditionsstück „Götz von Berlichingen", sondern mit der großen Menschheits-Versuchungsgeschichte „Faust". „Jan Austs werktreue und überwiegend konventionelle Annäherung an den komplexen Stoff funktioniert", befand die Kritik, und hob besonders Peter Cwielags Mephisto als „diabolischen Darling" hervor, der „den Abend zusammenhält". 2001 war für Jagsthausen nicht nur das Goethe-Jahr, sondern auch das Jahr des größten Medienrummels aller Zeiten anlässlich der Hochzeit von Alexandra Baronin von Berlichingen und Bundespräsident Roman Herzog. Vor allem für die Boulevardpresse war das Ereignis ein gefundenes Fressen und natürlich weitaus interessanter als die Festspiele.

Jan Austs Liebe galt allen Theaterformen, aber vor allem den Klassikern, weil sie grundsätzliche Themen des Menschseins behandeln und damit zeitlos sind. 2007 inszenierte er den „Hamlet" mit Timo Ben Schöfer in der Titelrolle: „Damit ging ein Traum für mich in Erfüllung", erinnert sich der Schauspieler. Die Chemie zwischen ihm und Aust stimmte schon bei Austs „Götz"-Inszenierungen 2002, 2003 und 2004 mit Timo Ben Schöfer in der Titelrolle – als jüngster Götz. Und auch für Kleists „Amphitryon" holte Aust den jungen Schauspieler nach Jagsthausen – als Jupiter: „Aust machte kein Regietheater wie in den 90er Jahren, das die Schauspieler in den Schmerz treibt. Er war eine große Theaterpersönlichkeit, kein Vakuum. Einer, der den Überblick hatte, Entscheidungen traf und Verantwortung übernahm." Jan Austs letzte von insgesamt 34 Inszenierungen für die Burgfestspiele war 2008 selbstverständlich ein Klassiker: Heinrich von Kleists Lustspiel „Der zerbrochne Krug" mit Wolfgang Hepp als Dorfrichter Adam.

„Götz von Berlichingen"
(2000/01)
Ursela Monn als Adelheid
und Peter Cwielag als
Weislingen

„Faust" (2000/01)
Szenenfoto mit
Peter Cwielag (Mephisto),
Regine Heiden (Meerkater),
Agnes Müller (Hexe),
Peter Bause (Faust)

„Faust" (2000/01)
Peter Cwielag (Mephisto)

Der jüngste Götz-Darsteller aller Zeiten: Timo Ben Schöfer (2002–04)

„Amphitryon" (2004) Timo Ben Schöfer (Jupiter), Caroline Kiesewetter (Alkmene)

„Der zerbrochne Krug" (2008) Wolfgang Hepp (Dorfrichter Adam, rechts), Hagen Marks (Veit Tümpel, ein Bauer, links), Ralf Stech (Ruprecht, sein Sohn)

Bause, Schöfer, Reimann, Garbers – Austs Götz-Darsteller

„Des Teufels General" (2005) Uwe Serafin (Baron Pflungk, Attaché im Außenministerium), Peter Bause (Harras, General der Flieger)

„Es gibt Stücke, die muss man ‚auf einen Ritt machen', und dazu gehört der ‚Berlichingen' und auch ‚Des Teufels General' … Im Jahr 2000 betrat ich die Bühne der Klassiker in meinem Leben und habe Aust und Jagsthausen dafür zu danken", schreibt Peter Bause in seinem Erinnerungsbuch „Man stirbt doch nicht im dritten Akt!" Viele hätten den „Berlichingen" bereits in allen Variationen gesehen gehabt, und auch die habe man mit der frischen Interpretation neu begeistern können: „Zuschauer lauerten uns am Burggraben auf, um zu sagen, was für ein Erlebnis es war, uns auf der Bühne so wahrhaftig zu erleben." Peter Bauses Götz spürt früh, dass er sich selbst überlebt hat. Ein tapferer und treuer Gesell, geradlinig und fürsorglich, der im Bewusstsein der schleichenden Auflösung des Rittertums noch einmal auf der ganzen Klaviatur menschlicher Gefühle spielt. Wenn er von der Untreue des korrupten Weislingen hört und wie ein Berserker brüllt oder bei der Nachricht von Selbitz' Tod in abgrundtiefe Verzweiflung stürzt: Peter Bauses Götz hat schauspielerische Klasse und eine großartige Sprechkultur, die das Publikum 2001 noch einmal erleben darf. 2005 übernimmt Bause die Rolle des Harras in Carl Zuckmayers „Des Teufels General", 2006 die des Schusters Voigt in Zuckmayers „Der Hauptmann von Köpenick", beide inszeniert von Jan Aust. „Wir haben alles ohne Mikroport gespielt. Das stand überhaupt nicht zur Debatte." 2015 kommt Peter Bause noch einmal zurück in den Burghof, um in der Regie von Peter Bogdanov den Milchmann Tevje in „Anatevka" zu verkörpern: „Wir hatten eine verdammt gute Zeit in Jagsthausen", resümiert der Schauspieler.

Peter Bause ist „Götz von Berlichingen" (2000/01)

„Der Hauptmann von Köpenick" (2006) Uwe Serafin (Hauptmann von Schlettow), Kristian Lucas (Kalle), Peter Bause (Schuster Voigt)

Peter Bause als Milchmann Tevje in „Anatevka" (2015)

2002 erlebten die Burgfestspiele eine kleine Revolution: Mit dem fernsehbekannten und im Theaterfach verankerten Timo Ben Schöfer engagieren sie den mit 37 Jahren jüngsten Götz überhaupt, der in Jagsthausen auch zum ersten Mal auf einer Freilichtbühne steht. „Ich hatte keine Ahnung, was mich erwartet", denkt der Schauspieler an den kalten Maitag 2002 zurück, als er textlich gut vorbereitet in Jagsthausen aufkreuzt. Gefühlt zu jung für die Rolle, sagt sich Schöfer selbstbewusst: „Wenn man mir die Rolle gibt, wird es schon seine Berechtigung haben. Das krieg ich gestemmt."

Intendant Jan Aust, Götz-Darsteller Timo Ben Schöfer und Bürgermeister Roland Halter im Gespräch

Ein dynamischer junger
Wilder, auch ohne Bart:
Timo Ben Schöfer als Götz
mit William Workman
als Georg

Gereift wie guter Wein

Die Resonanz war außergewöhnlich. Drei Spielzeiten schlüpfte Timo Ben Schöfer in die Rolle des Götz von Berlichingen: „Ein dynamischer junger Wilder, dem man auch ohne Bart den Haudegen abnimmt, der mit exzellenter Sprachkultur die Gebundenheit von Goethes Versen vergessen lässt", schreibt eine Kritikerin, die in Schöfer den „Motor" der Inszenierung sieht: „Mit raumfüllender Präsenz behauptet sein Götz nicht die Wandlung vom Stürmer und Dränger zum Gebrochenen, er macht sie greifbar. ... ohne Pathos, ein romantischer Robin Hood und ein Kind unserer Zeit." Das Publikum sah es genauso. „Endlich mal ein Götz, dem man abnimmt, dass er einen kleinen Jungen hat", urteilt ein Zuschauer nach der Premiere. Timo Ben Schöfers Fangemeinde startete eine Unterschriftenaktion im Sinne von „Never Change A Winning Team". Und erstmals wurden in Jagsthausen, so Regieassistentin und Abendspielleiterin Miriam Baghai-Thordsen, Groupies gesichtet.

Timo Ben Schöfer ist Götz
von Berlichingen
(2002, 2003, 2004)

Thomas Schreyer
als Weislingen

Ein kleines Kraftpaket:
Max Reimann als Götz 2005
mit Hagen Marks (Lerse)

Sie hat kaum jemals einen besser vorbereiteten Schauspieler als Timo Ben Schöfer erlebt: Er sprach den kompletten Text vom „Götz" und vom „Hamlet" frei. Thomas Schreyer als Weislingen und Timo Ben Schöfer als Götz haben „sich gefordert und einander nichts geschenkt": eine der Qualitätskriterien dieser Inszenierungen. „Selten dauern Rollen so lang", sagt Schöfer heute über seinen Drei-Jahres-Götz, der wie ein guter Wein im Keller gereift sei – und mit neuen Partnern und Regieeinfällen bis 2004 zu dem prallen Bilderbogen wurde, der in seiner raschen Szenenfolge an Filmschnitte erinnerte.

Max Reimann hieß der Götz der Jahre 2005 und 2006. Für den gebürtigen Stralsunder (1953) bedeutet Freiheit immer auch Unabhängigkeit, wie er in einem Interview vor Beginn seiner ersten Jagsthäuser Spielzeit über Götzens Freiheitsbegriff kundtat. Reimann sieht den Götz als „großes Schlitzohr, als Politiker, Diplomat und als klassischen Choleriker". „Ein kleines Kraftpaket, volksnah, besonnen fast und doch knitz, funkeln seine Augen im runden Gesicht", hieß es in einer Kritik, Reimann lege den Rhythmus vor, der für die Mitstreiter auf der Bühne schwer zu halten sei: „Reimanns Sprache ist ein Genuss: klar, unaufgeregt, dabei rasch vorantreibend ohne zu hetzen, erreicht er die letzte Reihe im Burghof." Aust sei kein „Götz von Berlichingen"-Regisseur, der sich verkünstelt oder auf Experimente einlässt, schrieb ein Rezensent über die Wiederaufnahme 2006: „Warum auch. Solange das Unspektakuläre, Solide, Ehrliche so unterhaltsam und flott daherkommt, dürfen sie weiterhin so gut artikulieren und herumrennen im Burghof von Jagsthausen."

In den letzten beiden Intendantenjahren von Jan Aust spielte der Hamburger Gerhard Garbers (1942) die Titelrolle im Traditionsstück. Regie führte 2007 und 2008 Austs Nachfolger auf dem Intendantenposten, der gebürtige Österreicher Heinz Kreidl. Kreidls Vorstellung sorgte zu Beginn von Austs letztem Intendantenjahr für einen Zwist zwischen Aust und der Festspielleitung durch die „vermeintliche Kritik der Festspielleitung an Austs Bühnenbildern oder der Auswahl der Schauspieler". Doch dann glätteten sich die Wogen, auch weil Jan Aust nichts ferner lag, als die Burgfestspiele zu beschädigen. „Garbers spielt den Götz eher leise als gebrochenen Ritter, der die neue Zeit nicht kapiert", schrieb die Kritik 2007. „Garbers' Götz ist kämpferisch, doch gelassen", hieß es ebenso knapp in einer Besprechung zur Wiederaufnahme 2008. Das lag aber nicht an Garbers' Schauspielkunst, sondern an Kreidls innovativem Regieansatz, der den Schauspielern relativ wenig Raum zur Profilierung ließ.

„Götz von Berlichingen" (2007)
Gerhard Garbers (Götz),
Olaf Paschner (Sickingen)

Treu und gern gesehen – die Ensembles als Familie

Jan Aust ließ seinem Team nicht nur Raum, sondern krempelte das Personal nicht unnötig um und hielt es, so gut es ging, zusammen. Er, der die Verlässlichkeit in Person war, ließ auch beim Ensemblegedanken Kontinuität walten. Schauspieler wie Peter Bause, Frank Hangen, Timo Ben Schöfer, Harro Korn, Henning Karge, Uwe Serafin, Hagen Marks, Olaf Paschner oder Natascha Clasing prägten seine Intendanz und Inszenierungen. „Mein Vater sagte immer: ‚90 Prozent eines Stückes macht die Besetzung aus'", erinnert sich Charlotte Aust. Jan Aust hatte ein gutes Gespür für Besetzungen und eine klare Vorstellung, warum er ein Stück genau mit diesen Darstellern besetzen will: „Er wusste, welche Dynamiken ihn erwarteten, und spürte, wo er diese Dynamiken laufen lassen konnte und wo er eingreifen musste." Stets hat er Stücken wie Darstellern ihre Würde gelassen und den Umgang mit komplizierten Menschen wie Ellen Schwiers schadenfrei bewältigt. Zur Not mit der Bitte an seine Assistentinnen: „Kläre das bitte mal."

Die Ensembles unter Jan Aust und auch unter seinem Nachfolger Heinz Kreidl lebten durch die Verbindlichkeit der beiden Intendanten, die letztendlich auch ihre Ausstrahlung ausmachte. Das spürte das Publikum und freut sich jedes Jahr darauf, altbekannte Gesichter in neuen Rollen und Stücken zu erleben. Aust und Kreidl gaben ihren Ensembles das Gefühl, Teil einer Theaterfamilie auf Zeit zu sein, in der sie als Mensch und als Künstler wahrgenommen wurden. Kreidl übernahm etliche Akteure aus dem Aust-Ensemble und ergänzte sie mit Darstellern aus seinem früheren Wirkungsort Darmstadt wie Franziska Sörensen, Achim Barrenstein, Jürgen Hartmann oder freien Schauspielerinnen wie Sonja Baum oder Andrea Wolf.

Ein Ensemble in einem abgelegenen Festspielort kann man sich vorstellen wie die Mannschaft auf einem Hochseeschiff, auf dem man sich wegen des begrenzten Raumes kaum aus dem Weg gehen kann und einander auf Gedeih und Verderb ausgeliefert ist. Charlotte Aust zitiert den Segler Jan Aust: „One hand for yourself and one for the ship." Schaut auf eure Leistung und dann aufs Ganze – ein Leitmotiv Austs, das wunderbar auf ein Festspielensemble passt. Um die Mission zu einem Erfolg zu bringen, müssen alle mitziehen. Das tun die Jagsthäuser Ensembles mit Empathie und Herzblut: „Alle hauen sich rein. Keiner schaut auf die Uhr", erzählt Frank Hangen. Gewerkschaftliche Arbeitszeiterfassung hat in Jagsthausen niemand auf dem Schirm. „Wer krank ist, schleppt sich hin, solange es geht." Hangen selbst hat mit Schlüsselbeinbruch oder mit 40 Grad Fieber gespielt. Was anderswo als Selbstausbeutung gilt, sehen die Akteure als Arbeitsethos, die Basis ist für das Wir-Gefühl des Jagsthäuser Festspielensembles.

„Götz von Berlichingen" (2006)
Frank Hangen (Liebetraut)

„Götz von Berlichingen" (2008)
Harro Korn (rechts als Kaiser), Markus Stollberg (Bischof von Bamberg)

„Götz von Berlichingen" (2004)
Jonas Volk (Karlchen), Natascha Clasing (Maria)

„Die Probenzeit ist eine richtige Mühle, aber auch eine tolle Zeit. Wenn man in fünf Produktionen spielt, legt man sich halt auf der Probenbühne schlafen, wenn man gerade nicht dran ist", meint Christopher Krieg, Götz des Jahres 2016. Regieassistentin Charlotte Aust erinnert sich, auch mal im Bett von Schneewittchen geschlafen zu haben. Nach den Premieren empfinden viele den Ort dann als Ferienlager, in dem man allein oder in der Gruppe schwimmen, paddeln, reiten, radeln, dösen oder wie auch immer die von allen als wunderbar empfundene Naturidylle des Jagsttals genießen kann. Oder man schaut sich an, was die Kollegen der Freilichtspiele Schwäbisch Hall künstlerisch so treiben.

Götz des Jahres 2016: Christopher Krieg

„Götz von Berlichingen" (2006), Olaf Paschner (Selbitz), Uwe Serafin (Sickingen)

„Das Dschungelbuch" (2003), Hagen Marks (Balu), William Workman (Mowgli)

„Der Geizige" (2006), Uwe Serafin, Henning Karge (rechts)

„Götz von Berlichingen" (2008), Jürgen Hartmann (Weislingen), Cay Helmich (Adelheid)

„Wer hat Angst vor Virginia Woolf …?" (2011), Hartmut Volle (George), Sonja Baum (Honey), Roman Schmelzer (Nick), Andrea Wolf (Martha)

„Pinocchio" (2002), Henning Karge

"Cabaret" (2004)
Kristian Lucas als Cliff Bradshaw und Asita Djavadi als Sally Bowles

Knochenfund, Handgranaten und Flammenwerfer

Timo Ben Schöfer hat sich in Jagsthausen – „in the middle of nowhere" – pudelwohl gefühlt und vom Ensemble stets „sehr getragen". In seinem unbändigen Wunsch, die Gegend vollständig zu erkunden und aufzusaugen, drang er leichtsinniger- und verbotenerweise in den nicht zugänglichen Achteckturm des inneren Bergfrieds, dem ältesten Teil der Burg, ein. Im Turm befand sich damals das Bierlager der Götzenburg-Gastronomie. Schöfer besorgte sich von einer Kellnerin die Schlüssel zum Bierlager, entfernte das 60 mal 60 Zentimeter große Gitter zum sogenannten Angstloch – in mittelalterlichen Burgen ist das der Zugang zu einem darunter liegenden Raum, oft eng wie ein Brunnenschacht – und seilte sich mit einem Flaschenzug zehn Meter tief ins Verlies der Götzenburg ab. Einst wurden so Gefangene im Käfig über ein Seil durch das Angstloch ins Verlies abgelassen. Bei der Aktion verletzte sich Timo Ben Schöfer nicht nur leicht, sondern hinterließ mit einem Edding auch seinen Schriftzug im Gewölbe und nahm Knochen aus dem Verlies mit nach oben. Die zeigte er dem Arzt, der ihn im Krankenhaus behandelte, worauf dieser sofort die Polizei verständigte. Restaurantchef Jürgen Bircks alarmierte dann den Hausherren Götz Baron von Berlichingen: „Sitzen Sie? Wir hatten eben die Kripo im Haus." Der aus dem Mittelalter stammende Knochenfund zog zum Glück keine weiteren Ermittlungen nach sich. Aber Baron Berlichingen, damals junger Rechtsanwalt, war entsetzt über diese dreiste Aktion des Schauspielers, die nicht nur den Tatbestand des Hausfriedensbruchs, sondern eventuell auch die Störung der Totenruhe erfüllte … Heute sagen die Jagsthäuser nachsichtig: „Da ist halt der Götz mit ihm durchgegangen." Doch damit nicht genug.

Timo Ben Schöfer entdeckte beim Textlernen an der Jagst außerdem noch eine Handgranate im Wasser. Schöfers Kollege Harro Korn identifizierte das Kriegsrelikt und die herbeigerufene Leibwache von Bundespräsident Roman Herzog und der Bürgermeister Roland Halter informierten den Kampfmittelräumdienst.

Asita Djavadi, von 2003 bis 2013 umjubelte Musical-Darstellerin, erinnert sich an abenteuerliche Aktivitäten auf und hinter der Bühne. Im Musical „Blues Brothers" musste sie als mysteriöse Carrie, die Hotels in die Luft jagt, einen schweren Flammenwerfer auf dem Rücken tragen. Und immer kann der Schuss nach hinten losgehen, wie manche Ohrfeigenprobe zeigt. Ohrfeigen müssen auf der Bühne echt aussehen, nicht zu zurückhaltend, nicht zu brutal, deshalb werden sie geprobt. Während Kollege Kristian Lucas 2004 als Cliff Bradshaw in „Cabaret" gegenüber Asita Djavadi als Sally Bowles eher zu zaghaft zu Werke ging, knallte ihr in der „Dreigroschenoper" 2009 als Polly Peachum Kollegin Andrea Wolf als Mutter Peachum unbeabsichtigt derart eine auf offener Bühne, „dass es mir Tränen in die Augen trieb". Als Piaf musste Asita Djavadi etliche Ohrfeigen einstecken, bis sie als Polly Baker im Musical „Crazy For You" 2010 in Schwäbisch Gmünd endlich selbst mal austeilen durfte.

Der freilichterfahrene Christopher Krieg denkt mit Freude an die Spielzeit 2016 zurück als eine seiner „spannendsten". Ein Ensemble „ohne Stinkstiefel", dafür mit blindem Verständnis. Er selbst ist nach eigenem Bekunden wie die Jungfrau zum Kind zur Hauptrolle des Götz gekommen. Regisseur Jean-Claude Beruttti wolle ihn treffen, erklärte ihm Intendant Axel Schneider. Krieg rechnete fest mit der Weislingen-Rolle. Zuvor hatte er unter Intendant Heinz Kreidl seinen Kollegen Oliver Jaksch als Götz gesehen und gedacht: „Wow. Tolle Rolle, aber den Götz wirst du nie spielen, weil du eher der Weislingen-Typ bist." Den Götz, den spielen doch immer nur kräftig gebaute Genussmenschen, dachte Krieg und erinnerte sich, dass er zwar immer als jugendlicher Held gehandelt wurde, aber eigentlich nie einen spielte: „Ich habe oft Selbstmörder, Bösewichte, Schweinehunde, kurz Antihelden gespielt." Krieg

Mit Flammenwerfer: Asita Djavadi

2016: Stephan Koch (Selbitz), Christopher Krieg (Götz), Johan Richter (Georg)

bekam unverhofft die Rolle des Götz: „Ein gigantisches Abenteuer." Drei Jahre später, 2019, spielte Christopher Krieg in Jagsthausen unter der Regie von Sewan Latchinian auch den Weislingen und ist damit der einzige Schauspieler in 75 Jahren Burgfestspiele, der sowohl den Götz als auch den Weislingen verkörpert hat. „Zwei völlig entgegengesetzte Rollen. Für mich war das sehr spannend und ein großer Spaß." In der Götz-Ahnenreihe nun unter so vielen illustren Kollegen zu stehen, empfindet Krieg als „Ritterschlag". Star von Beruttis „Götz"-Inszenierung 2016 war Mathieu Carrière als Weislingen. „Ein großartiger Kollege", sagt Christopher Krieg.

Eine Familie auf Zeit

Jagsthausen ist auch für Laura Remmler ein magischer Ort mit einer einzigartigen Atmosphäre in der Burg. Nicht nur wegen ihrer Familiengeschichte. Ihre Großeltern Robert Remmler und Hanna Reiners, beide weitgereiste Schauspieler, lebten in Jagsthausen auf ihrem Alterssitz und die kleine Laura, heute freie Regisseurin in Köln, verbrachte jeden Sommer im Festspielort, erlebte Proben und ihre Großmutter als Erzählerin in „Aschenputtel". Da war sie zwei oder drei Jahre alt. Und wenn sie „Hallo Omi" von der Tribüne aus winkte, passierte es schon mal, dass der Junge neben ihr raunte: „Das ist nicht deine Oma, das ist die Oma vom Kasper."

Als Vierjährige durfte sie nach langen familieninternen Diskussionen 1989 ihren ersten „Götz" sehen. „Ja guck mal, da vorn ist der Opa", hieß es und dann: Kämpfe, Geschrei, Bauernkrieg. „Ich wollte nur noch weg", erinnert sie sich. Sie beruhigte sich erst wieder, als der Großvater nach der Aufführung in seinen normalen Kleidern im Burgrestaurant auftauchte. Über ihren ersten Theatergrusel hat Laura Remmler später eine Kurzgeschichte verfasst, mit der sie an der Universität einen Preis gewann. Ihren ersten Shakespeare sah sie mit acht – „Was ihr wollt", inszeniert von Ellen Schwiers – , und Laura Remmlers Shakespeare- und England-Affinität war geweckt. Sie dauert bis heute an.

Die Kollegen kommen immer wieder gerne, weil Jagsthausen viel mehr ist als nur ein Theaterbetrieb: „Sie spüren den Sog, den dieser historische Ort entwickelt. Wenn man sich dem entzieht, muss man gehen", sagt Laura Remmler. Das Ensemble als Familie auf Zeit: Und die Mitglieder treffen sich später gerne wieder an der Jagst, in anderen Städten und Arbeitskonstellationen – oder als Freunde. So entsteht immer etwas Neues und für Laura Remmler eröffnen sich Möglichkeiten, kreativ am Mythos der Burgfestspiele Jagsthausen weiterzubauen. 2025 inszeniert sie das Traditionsstück und sieht den Ensemblegedanken unter der künstlerischen Leitung von Eva Hosemann wieder enorm gestärkt.

Es menschelte und menschelt noch immer in Jagsthausen. Im Lauf der Jahre hat das Dorf viele große Liebesgeschichten und -dramen erlebt, Verletzungen und Versöhnungen, Eskapaden und Eheschließungen. Liefen die Dinge im vorigen Jahrhundert noch häufiger aus dem Ruder, zählte das Erwachen in einem Vorgarten nach durchzechter Nacht noch zu den harmloseren Vergehen. Gunter Gabriel, 2014 als Johnny Cash für Jagsthausen engagiert, fiel noch einmal durch ungebührliches Verhalten im Dorf auf und bezahlte mit Hausverboten. Heute steht das Wir-Gefühl wieder im Vordergrund: „Ich war drei Jahre dort", berichtet die Hamburger Schauspielerin Valerija Laubach. „Es war jedes Mal wie ein Nachhausekommen. Weil alle vor Ort so herzlich, offen und zuvorkommend sind."

„Götz von Berlichingen" (2019) Ann-Cathrin Sudhoff (Adelheid) und Christopher Krieg (Weislingen)

Vielfalt und Überraschungen – das Musiktheater der Helga Wolf

Ein Name ist untrennbar mit den Jagsthäuser Musiktheaterproduktionen verbunden: Helga Wolf. Was 1990 unter der Intendanz von Rüdiger Bahr mit Paul Burkhards Musical „Das Feuerwerk" als Repertoire-Erweiterung begann und 2008 mit „Der kleine Horrorladen" von Alan Menken und Howard Ashman nach dem B-Movie von Roger Corman endete, ist eine Erfolgsgeschichte, für die maßgeblich die gebürtige Wienerin steht. Helga Wolf leistete auf diesem Gebiet in Jagsthausen Pionierarbeit und entwickelte das Genre zu einem festen Bestandteil des Spielplans, dessen Erfolge bis heute anhalten. Neuerungen gab es in Jagsthausen damals im Zehn-Jahres-Rhythmus: 1970 stand mit „Der Widerspenstigen Zähmung" erstmals ein zweites Stück neben „Götz von Berlichingen" auf dem Spielplan, 1980 folgte das erste Kinderstück „Pippi Langstrumpf" und 1990 die erste Musiktheaterproduktion. Es waren langsamere Zeiten, die große Spanne zeugt aber von der Bedächtigkeit einer Festspielleitung, die nichts überstürzte und keiner Mode hinterherrannte. Rüdiger Bahr, der Götz der Jahre 1986 bis 1989, bot Helga Wolf 1991 als Intendant die Regie von „My Fair Lady" von Alan J. Lerner im Burghof an, eine Produktion, die ein legendärer Erfolg wurde. Fortan inszenierte sie in Jagsthausen „abwechselnd bunte und schwarze" Musicals, wie sie es nennt, also Unterhaltungsstücke und Werke mit politischem Anspruch. Auf „My Fair Lady" folgte „Anatevka", auf „Kiss me, Kate" folgte „Der Mann von La Mancha". Mit Beharrlichkeit und Durchsetzungsvermögen wischte sie auch die Bedenken ihrer Intendantin Ellen Schwiers weg, die – bekanntermaßen keine Freundin des Musicals – die unleugbaren Erfolge der Musiksparte gern mit der Bemerkung „Das sind ja nur die Radtouristen" abtat. „Ich war extrem anspruchsvoll", erklärt die Regisseurin und Choreografin Helga Wolf, die nach ihrer Karriere als Solotänzerin an den großen Bühnen in Berlin, Hamburg, Wien, München, Hannover oder Bern sowie bei den Bad Hersfelder Festspielen oder den Freilichtspielen Tecklenburg inszenierte. Dort wurde sie 2006 als beste Regisseurin ausgezeichnet für die weltweit erste Inszenierung von „Les Misérables" auf einer Freilichtbühne.

Stets kämpfte Helga Wolf hart um ausreichende Probenzeiten: „Sechs Wochen. Sonst kommt nichts Gutes dabei raus." 60 Jahre war sie in ihrem Beruf, hat anfangs wenig verdient und oft gedarbt, aber nie ihren Anspruch verlassen. Oft war sie zum richtigen Zeitpunkt am richtigen Ort, sprang für ausgefallene Regisseure ein und erarbeitete sich einen hervorragenden Ruf als Opern- und Musicalregisseurin, sodass bald Leute wie Harald Juhnke, Edith Hancke oder Horst Buchholz bei ihr anriefen. „Cabaret", „Evita", „Ein Käfig voller Narren", „Jesus Christ Superstar, „Piaf", „Camelot": Die Liste der Musicals, die Helga Wolf für den Burghof eingerichtet hat, ist lang. Außer „Feuerwerk" und „My Fair Lady" aus der Anfangszeit hat sie der Festspielleitung alle Musicals vorgeschlagen und durchgesetzt. Der Erfolg gab ihr recht. „Jede Inszenierung war die wichtigste", resümiert sie rückblickend, aber wenn man sie nach ihrer wichtigsten Regiearbeit für Jagsthausen fragt, antwortet sie ein bisschen zögernd: „‚Anatevka' vielleicht. Ich habe das Stück 15 Mal im Leben inszeniert. Aber die ‚Anatevka' für Jagsthausen war die beste, weil politischste." Sie war 1994 und 1995 im Burghof zu sehen.

„My Fair Lady" (1991) Probenfoto, Regisseurin Helga Wolf bei der Arbeit

Pressesprecher Thomas Schick, Geschäftsführerin Alexandra Baronin von Berlichingen im Gespräch mit Regisseurin Helga Wolf

„Kiss me, Kate" (1996/97)
Petra Constanza
(Lilli Vanessi/Katharina)

„Die Fledermaus" (1999)
Szenenfoto

„Cabaret" (2004/05)
Szenenfoto
Willi Welp (Conferencier)

„Cabaret" (2004/05)
Willi Welp (Conferencier),
Asita Djavadi (Sally Bowles)

„Jesus Christ Superstar"
(2006)
Sascha Krebs (Jesus)

„Camelot" (2007)
Szenenfoto

„Der kleine Horrorladen"
(2008)
Kristian Lucas (Seymour)

„Götz von Berlichingen"
(2004)
Willi Welp (Sickingen),
Timo Ben Schöfer (Götz)

Opulente Ausstattungen

1999 und 2000 erlebte Jagsthausen den Operetten-Evergreen „Die Fledermaus" von Johann Strauß, 2001 und 2002 stand Andrew Lloyd Webbers „Evita" auf dem Spielplan: ein rauschender Erfolg bei Publikum und Kritik. „Zwei Stunden Dauerregen, zehn Minuten Applaus, Jubelrufe für die Hauptdarsteller, eine geschlossene Ensembleleistung, beeindruckende Kostüme und Perücken": Auf diesen Nenner brachte eine Rezensentin die Premiere im Juli 2001, die die Inszenierung von Helga Wolf als „Highlight der Festspielgeschichte" einordnete. Mit Cornelia Drese als Eva Peron stand die damals wohl beste Musicaldarstellerin im Burghof: „Nicht nur, weil sie ausgezeichnet singt, sondern weil ihre Evita eine umfassende Persönlichkeit hat." Ihr Partner als Che Guevara war Willi Welp mit „ungeheurer Präsenz und Ausstrahlung".

In den prosperierenden Nullerjahren vor der Bankenkrise konnte Jagsthausen in Sachen Ausstattung noch ziemlich aus dem Vollen schöpfen. Heidrun Schmelzers Bühnenbilder und Kostüme haben einen legendären Ruf. „Sie war chaotisch, aber genial", sagt Helga Wolf. Nicht nur zur Freude des Jagsthäuser Alt-Bürgermeisters Albert Feinauer, von dem laut Helga Wolf der Satz überliefert ist: „Schee muss sei." In ihrer Inszenierung von „Ein Käfig voller Narren" 2003 mit Willi Welp als Zaza war ein von Heidrun Schmelzer kreiertes opulentes Salon- und Nobelclubambiente angesagt. Eine gute Ausstattung ist wichtig, aber wichtiger, hat sie in ihrer langen Karriere gelernt, sind die Darsteller. Und in Zeiten wie heute, in denen das Geld für die Ausstattung fehlt, kommt es umso mehr auf das Ensemble an.

Fragen wir also Willi Welp. Helga Wolf hat ihn entdeckt, als kleinen Tänzer in Wuppertal, und empfahl dem Laien eine professionelle Ausbildung. Er reifte zum gefeierten Darsteller etwa als Brudermörder Scar im Disney-Musical „König der Löwen" in Hamburg und zum gefragten Regisseur. In Jagsthausen kam er 2001 für die Rolle des Che in „Evita" in eine „perfekte Festspielwelt", in der er sich sofort aufgenommen fühlte. Er spielte den Sickingen im „Götz von Berlichingen", Zaza im „Käfig voller Narren", den Conferencier in „Cabaret" und inszenierte 2011/12 die „Rocky Horror Show" sowie 2013 „Aida". Willi Welp ist sozusagen das Ziehkind von Helga Wolf, deren Erbe er eigentlich übernehmen sollte. „Wir haben uns blendend verstanden", sagt der in Hamburg lebende Regisseur und Schauspieler. Als Regisseurin war Helga Wolf aus seiner Sicht eine Mischung aus Jan Aust und Heinz Kreidl: „Aust war ein toller Mensch, aber manchmal zu schnell zufrieden. Wir sagten dann Jan, das ist noch zu langweilig, und er hat das ernst genommen. Aber er war nie so nervös wie der künstlerisch ambitionierte Kreidl. Helga Wolf hatte einen riesigen Erfahrungsschatz, war bestimmend, aber ließ mich immer machen. Es war eine tolle Zeit." Weder dem „Käfig voller Narren" noch „Cabaret", das am Vorabend der „Machtergreifung" durch die Nationalsozialisten spielt, räumt Welp in der Rückschau eine politisch-aufklärerische oder emanzipatorische Funktion ein: „Beide Musicals sind eine sichere Bank für gute Unterhaltung."

„Ein Käfig voller Narren"
(2003)
Willi Welp (Zaza)

"Evita" (2001/02)
Cornelia Drese (Evita)

"Evita" (2001/02)
Willi Welp (Che Guevara),
Cornelia Drese (Evita)

Asita Djavadi als Piaf

„Piaf" als Lebensrolle

Asita Djavadi und Helga Wolf lernten sich in Paderborn beim Vorsingen für „Piaf" in den Westfälischen Kammerspielen kennen. „Sie kam zu spät, mit einem kleinen Jungen an der Hand", erinnert sich die Regisseurin an ihre erste Begegnung mit der „Hochbegabten": „Sie sang, ich machte dann noch eine Szene mit ihr, und ich wusste: Sie ist es." Helga Wolf wollte sie gerne nach Jagsthausen lotsen, und Asita Djavadi bekam 2003 die Minirolle der Anne Dindon in Helga Wolfs Inszenierung von „Ein Käfig voller Narren". Zwei, drei Sätze nur für die Künstlerin, die damals als „jugendliche Liebhaberin" besetzt wurde. Sie kannte Jan Aust vom Theater Lüneburg her, wo sie im selben Jahr unter seiner Regie als Aldonza in „Der Mann von La Mancha" mitwirkte. Da Asita Djavadi damals ihren Lebensmittelpunkt von Berlin nach Reutlingen verlegt hatte, lag es nahe, Theater im Sommer in Jagsthausen zu machen. „Die Landschaft fand ich toll, Freilichttheater eher schrecklich", meinte sie angesichts von sehr heißen, sehr kalten oder verregneten Sommern, die sie zwischen 2003 und 2013 erlebt hat. Szenen aus dem Musical „Piaf", in denen sie im Negligé frierend auf einem Flokati liegt und es ihr in den Mund regnet, sind ihr noch sehr präsent. Auch die verregnete Premiere der „Rocky Horror Show" 2011 und die Premiere von „Camelot", die 2007 komplett ins Wasser fiel, weil Blitzschläge die Ton- und Lichtanlage gefährdeten. Wegen eines dann beigelegten Requisitenstreits um einen Hund der damals in Jagsthausen ansässigen Firma Heimo, Spezialistin für bewegliche Animationsfiguren und Freizeitparkeinrichtungen, wollte Helga Wolf diese Premiere kurz vorher sogar platzen lassen.

Vier Spielzeiten lang, von 2005 bis 2008, verkörperte Asita Djavadi die französische Chansonette Edith Piaf im Musical „Piaf" von Pam Gems. „Ich habe die Sally Bowles geliebt", sagt sie über ihre Rolle in „Cabaret", die sie 2004/05 im Burghof spielte, „aber die Piaf kam zu mir, ist immer noch da, haftet mir an", sinniert Asita Djavadi. „Ich war selber erstaunt: Jeden Abend stehende Ovationen von 1000 Menschen. Das Stück wäre sicher auch noch erfolgreich weitergelaufen." Herangeführt an diese „Wahnsinnsrolle" hat sie Helga Wolf. „Sie war als Regisseurin mütterlich, präzise, ehrlich und trotzdem tough", sagt Asita Djavadi. „Eine liebevolle Begleiterin und Beschützerin, die ihr Ding durchgezogen hat. Es war immer klar, wer die Chefin ist." Den Leistungsdruck, unter dem Frauen und besonders Mütter in Theaterberufen stehen, hat Helga Wolf selbst erlebt und bewältigt. „Wischiwaschi am Theater ist nicht gut. Es braucht Menschen, die den Überblick haben." Djavadi spricht vom „Pinselstrich", den man sehen muss: „Helga Wolf malte

„Camelot" (2007)
Alexander Di Capri (Arthur), Asita Djavadi (Guenevre)

mit den Darstellern als Farben und mischte ihre eigene Rollenidee hinein. Das ergab immer ein klares Bild." Die Wienerin arbeitete stets akribisch bis ins kleinste Detail und brachte der Darstellerin nahe, was in Piafs Liedtexten steckt.

„Ich bin nicht Piaf", sagt Asita Djavadi, die heute noch mit einem Piaf-Soloprogramm tourt, „aber es steckt viel von mir in dieser Rolle drin." Damit kommt sie, die der historischen Figur stets mit Respekt und Demut begegnet, Helga Wolfs Rollenverständnis sehr nahe. Parallel hat Djavadi auch ein Barbra-Streisand-Solo im Repertoire: „Ich wollte auch mal eine ‚gesunde' Biografie spielen", als Kontrapunkt zur selbstzerstörerischen der Piaf. 2005 schrieb ein Rezensent über die „Piaf"-Premiere: „Ohne die Piaf zu kopieren oder zu denunzieren, gelingt Djavadis schauspielerischer und stimmlicher Präsenz ... ein anrührendes Porträt der größten Chansonnette aller Zeiten. Regisseurin Helga Wolf formt aus den vielen Bruchstücken einen temporeichen Abend ... Im Burghof ist ungeschminkter Vulgärjargon zu hören, der manchen Besuchern aufstößt. Aber er ist ebenso Bestandteil dieses intensiven Lebens wie die Heroinspritze, die sich die Piaf vor den Auftritten setzt. An diesen Stellen herrscht stille Betroffenheit auf den Rängen. Spritze rein und raus auf die Bühne: Marktgesetze waren schon damals stärker als Vernunft. Die Piaf wollte und musste funktionieren: um jeden Preis bis zum bitteren Ende."

Sechs Taschen im Auto

Eine, die zwischen 1991 und 2019 mit einer Ausnahme („Zorro" 2016) alle Jagsthäuser Musiktheaterproduktionen als Choreografin und Regieassistentin mitgestaltet und miterlebt hat, ist Regine Heiden. Sie war Solotänzerin, als Helga Wolf sie in Rendsburg traf und nach Jagsthausen einlud. In den Neunzigern assistierte und tanzte sie in „Kiss me, Kate". Aus ihrer Sicht war Helga Wolf „souverän, treu und loyal. Sie brachte immer 100 Prozent, hat sich monatelang vorbereitet und alles zum jeweiligen Stoff gelesen. Sie hielt das Zepter in der Hand und konnte auch auf den Tisch hauen." Von Wolfs Regiearbeiten hebt sie „Evita" als „sensationell" heraus: „Sagenhafte Besetzung mit Cornelia Drese und Willi Welp und eine erstklassige Ausstattung von Heidrun Schmelzer."

Als „unschätzbar wertschätzend, unglaublich klar und mit großer Freude motivierend" charakterisiert Regieassistentin Miriam Baghai-Thordsen Helga Wolfs Arbeitsstil. Ihr „Das war schon gut und das proben wir nun ein- bis zweihundert Mal, dann können wir's" hat sie heute noch im Ohr. In ihren Augen haben sich Jan Aust und Helga Wolf prima ergänzt und spätestens mit „Evita" ganz großes Kino nach Jagsthausen gebracht: „Ein Glücksfall." Sie erinnert sich noch, wie sie in der Garderobe neben den Waschmaschinen stand, Waschpulvergeruch in der Nase, und allabendlich auf der vollen Tribüne 1000 Menschen beobachtete, die enthusiastisch mitgingen. Die Ausstattung von Heidrun Schmelzer, „die jeden wahnsinnig gemacht hat, aber unersetzlich war", trug nicht unwesentlich zum Triumph bei. Obwohl das Musical nicht gerade Jan Austs Spezialdisziplin war, stand er als integrer Intendant immer hinter Helga Wolfs Plänen und hat sie nach außen vertreten, ergänzt Regine Heiden.

Seit 1998 wohnt Helga Wolf, die eng mit Alexandra Baronin von Berlichingen und Bundespräsident Roman Herzog befreundet war, in Berlichingen. „Es gibt keine Provinz mehr", ist eine Erkenntnis aus Helga Wolfs ereignisreicher Theaterkarriere. Sie war immer viel unterwegs, bewältigte im Schnitt europaweit sechs Inszenierungen im Jahr. Deshalb lagen immer sechs Taschen in ihrem Auto: eine Tasche für jede Produktion. Wenn beispielsweise Halle an der Saale anrief und notwendige Änderungen am Bühnenbild mitteilte, holte sie die Halle-an-der-Saale-Tasche heraus und hielt alles genau fest. Als hätte sie die Worte von Alexandra Baronin von Berlichingen auch für sich selbst verinnerlicht, die den Ensembles vor den Premieren immer zurief: „Macht es ordentlich!"

Knapp 30 Jahre bei den Burgfestspielen: Regine Heiden bei ihrer Verabschiedung am Ende der Spielzeit 2019 mit Geschäftsführer Roland Halter

Mehr als 80 000 Gäste – die erfolgreichste Spielzeit aller Zeiten 2003

„Nathan der Weise"
(2003/04)
Thomas Schreyer (ein junger Tempelherr), Günter Mack (Nathan, ein weiser Jude)

Einen Rekord, der schwer zu toppen sein wird, stellten die Burgfestspiele in der Spielzeit 2003 auf, die von 12. Juni bis 24. August dauerte: 80 277 Besucher erlebten die 90 Vorstellungen mit zwei Konzerten und sieben Gastspielen, die Platzausnutzung lag bei 95,1 Prozent. Was waren die Besonderheiten dieses Sommers? Zunächst einmal die Hitze. Der Sommer 2003 war ein sogenannter Jahrhundertsommer voller Rekorde. Mit zwölf aufeinanderfolgenden extrem heißen Tagen erlebte z. B. Karlsruhe die längste Hitzewelle seit 1901. Die Wetterstation Öhringen verzeichnete 91 Sommertage, 30 heiße Tage vor allem in der ersten Augusthälfte, eine Höchsttemperatur von 37,9 Grad und 2 225 Sonnenstunden. Politisch stand das Jahr ganz im Zeichen des Irakkriegs und seiner diplomatischen Verwicklungen. Der Krieg begann am 20. März 2003 – ohne UN-Mandat. Rund eineinhalb Stunden nach Ablauf des Ultimatums der USA an den irakischen Machthaber Saddam Hussein, sein Land binnen 48 Stunden zu verlassen, hatten die USA den Krieg gegen den Irak mit Luftangriffen auf Bagdad eröffnet.

Der lange vor dem Irakkrieg geplante Spielplan für den Burghof richtete 2003 sein Augenmerk auf das Thema Toleranz. Alexandra Baronin von Berlichingen betonte dies in ihrem Grußwort im Programmheft: „Bei der Auswahl der Stücke war es uns durchaus bewusst, dass die politische Entwicklung der Welt die Brisanz der Stücke noch weiter betonen kann." Die in die Annalen eingegangene 54. Spielzeit eröffnete erstmals nicht mit dem Traditionsstück, sondern mit Gotthold Ephraim Lessings klassischem Toleranzepos „Nathan der Weise" in der Regie von Jan Aust mit Günter Mack als Nathan. Eine Wiederaufführung erlebte die erfolgreiche „Götz"-Inszenierung von Jan Aust aus dem Vorjahr mit dem Womanizer Timo Ben Schöfer in der Titelrolle und Thomas Schreyer als kraftvollem neuen Weislingen. Helga Wolf inszenierte das opulente Musical „Ein Käfig voller Narren" mit Willi Welp als Albin/Zaza und R. A. Güther als Georges. Kindern versüßte „Das Dschungelbuch" den langen Sommer, inszeniert von Intendant Jan Aust.

Im ambitionierten Programmheft finden sich viele Hintergrundinfos, die Bezüge zwischen dem Bühnengeschehen und den gesellschaftlichen Zuständen aufzeigen wollen. Professor Roman Herzog belegt in einem langen Essay über „Nathan der Weise", wie hochaktuell dieser Text von 1779, also acht Jahre nach Goethes „Götz" und zehn Jahre vor der Französischen Revolution erschienen, für die Gegenwart ist. Roland Halter, Geschäftsführer der Festspiele und Bürgermeister von Jagsthausen, hält unter dem Titel „Liebe verdient Respekt oder ‚Ich bin was ich bin'" lange vor LGBTQIA+ ein flammendes Plädoyer für die Gleichstellung von Homosexuellen.

„Ein Käfig voller Narren"
(2003)
R. A. Güther als Georges, Christian Lucas als Jean Michel und Laurent N`Diaye als Jacob

„Götz von Berlichingen" (2004)
Bernd Hoffmann (Kaiser Maximilian), Thomas Schreyer (Weislingen), Jagsthäuser Laien

Ausgewogene Mischung

Zwei Klassiker, ein aufwendiges Musical mit Kultcharakter, ein Kinderstück: Vier Produktionen reichten 2003 für den Rekordbesuch in einer noch weitgehend analogen Zeit mit weniger kultureller Konkurrenz. Der alles überragende Erfolg zeichnet sich schon im November 2002 ab: Bereits am ersten Tag des Vorverkaufs wurden knapp 25 Prozent der Karten abgesetzt. Ziel der Festspielleitung war es gewesen, in den ersten sechs Wochen des Vorverkaufs rund 30 Prozent der Plätze zu vergeben. Nach fünf Vorverkaufstagen waren sage und schreibe 27 000 Tickets gebucht. Zum Vergleich: Die gesamte Spielzeit 2024 erlebten 30 000 Theaterfreunde.

2003 scheint sich das geflügelte Wort „Less is more" gerade im Hinblick auf die aufgeblähten Jagsthäuser Spielpläne eine Dekade später bewahrheitet zu haben. Der Spielplan 2003 scheint eine schlanke und ausgewogene Mischung zwischen Publikumsanstrengung und -unterhaltung geboten und den Nerv der Zeit getroffen zu haben. Bis auf zwei Regenabbrüche war die Saison zudem vom Wetter verwöhnt. Unter der Hitze hätten sie alle gelitten, sagte Jan Aust am Spielzeitende, aber „immer noch besser so als drei Monate Regen". Am 13. Juni 2003 wurde der zweimillionste Besucher der Festspiele seit ihrer Gründung 1949 begrüßt. Für die erste Million hat Jagsthausen 36 Jahre gebraucht, für die zweite nur noch 17. Zum dreimillionsten Besucher dauerte es, auch coronabedingt, dann doch wieder 20 Jahre: bis 2023.

„Dschungelbuch II – Mowglis Rückkehr" (2004)

2009–2013

Götz von Berlichingen
Die Dreigroschenoper
Die Räuber
A Midsummernight's Sex Comedy
Die kleine Hexe
The Blues Brothers
Was ihr wollt
Der kleine Muck
The Rocky Horror Show
Wer hat Angst vor Virginia Woolf …?
Mein Freund Wickie
Einer flog über das Kuckucksnest
Jim Knopf und Lukas der Lokomotivführer
Aida
Amadeus
Hänsel und Gretel

Heinz Kreidl
Der experimentierfreudige Künstler

„Ein Künstler durch und durch." Ob man nun Regine Heiden, Frank Hangen, Willi Welp oder Laura Remmler nach der Persönlichkeit von Heinz Kreidl fragt, es kommt immer diese Antwort im fast identischen Wortlaut. Der Mann mit der eindringlichen Sprechweise, der 2009 Jan Austs Nachfolge auf dem Intendantenposten in Jagsthausen antrat, war kein an ein Stadttheater gebundener Amtsträger, sondern ein freier Regisseur. „Er war herausfordernd und hatte eine große Standfestigkeit, er war radikal konsequent gegen sich, gegen alles", so hat der Schauspieler Frank Hangen den gebürtigen Österreicher erlebt: „Er hatte eine Vorstellung, was Theater kann, muss und soll." Eine klassische Kunstform, die Themen der Zeit und der Gegenwart reflektiert.

1945 in Kufstein geboren, studierte Heinz Kreidl an der Universität Innsbruck Jura, Germanistik, Romanistik und Musikwissenschaft, bevor er eine Schauspielausbildung absolvierte und ab 1967 als Schauspieler tätig war. 1969 zog er nach Wien und studierte Regie am Max Reinhardt Seminar. Danach war er Regieassistent am Wiener Burgtheater bei so herausragenden Regisseuren wie Jean-Louis Barrault, Giorgio Strehler oder Claus Peymann. Nach ersten eigenen Inszenierungen in Wien arbeitete er ab 1975 als freier Regisseur u.a. in Nürnberg, Karlsruhe, Mannheim, Wiesbaden, Frankfurt, Wuppertal, Köln, Dortmund, Berlin oder Zürich, aber auch mit festen Engagements als Oberspielleiter am Stadttheater Heidelberg, im Leitungsteam am Staatstheater Kassel oder als Hausregisseur am Schauspiel Bonn. Seit den achtziger Jahren war Heinz Kreidl immer wieder auch als Opernregisseur tätig. Von 1999 bis 2004 fungierte er als Schauspieldirektor am Staatstheater Darmstadt. Neben seiner Regietätigkeit und seit dem Tod seiner Frau, der Übersetzerin Angelika Gundlach, 2019, an deren Shakespeare-Übersetzungen er beteiligt war, arbeitet Heinz Kreidl nun ebenfalls zusätzlich als Übersetzer und lebt in Berlin.

Heinz Kreidl

Oliver Jaksch springt 2011 als Götz ein. Neben ihm Franziska Sörensen als Elisabeth

Für Oliver Jaksch, gebürtiger Tiroler wie Heinz Kreidl, ist die Ära Kreidl mit triumphalen eigenen Erfolgen verbunden. Der Götz der Jahre 2011 und 2013 – 2011 sprang Jaksch kurzfristig für den erkrankten Ulrich Bähnk ein und erarbeitet sich die Rolle innerhalb von knapp zwei Wochen – rockte zudem vier Spielzeiten lang, von 2010 bis 2013, zusammen mit Thomas Gerber im Musical „The Blues Brothers" den Burghof. 2011 und 2012 spielte er zusätzlich noch in der „Rocky Horror Show" Dr. Everett Scott und Eddie. Jaksch kann sich noch genau an seine erste Begegnung mit Kreidl erinnern. „Blues Brothers"-Regisseurin Barbara Neureiter hatte ihn gefragt, ob er singen könne, Jaksch bejahte, und so schlug sie ihn dem Intendanten für die Besetzung vor. Jaksch und Kreidl trafen sich dann im Berliner Hauptbahnhof und redeten eine Stunde lang. Am Ende sagte Kreidl: „Dann machen wir das." Diese zwischenmenschliche Qualität, schnell eine gemeinsame künstlerische Arbeitsebene zu finden, schätzte Jaksch an Kreidl.

Halbkreise gehen gar nicht

Bei der Regiearbeit war Kreidl, der nach Jakschs Beobachtung „für die Festspiele brannte", „aufmerksam, sehr konzentriert und brauchte absolute Ruhe", was im Freilichtambiente einigermaßen absurd sei, denn „da gibt's ja Vögel". In seinem eleganten Bewegungsstil wanderte Kreidl viel herum, erzählt der Schauspieler. „Als Regisseur der alten Schule sagte Heinz Kreidl nicht nur ‚lauter' oder ‚leiser', sondern er beschrieb Bilder, die den Schauspielern sein Konzept verdeutlichten. Bei den Proben herrschte Anspannung, aber nie unangenehm. Er schrie nicht rum, sondern war immer beschäftigt mit dem Stoff, an dem er arbeitete. Und Kreidl wusste, was er will." Asita Djavadi, die die Regisseurin Helga Wolf mit dem Bild der Malerin, die mit den Schauspielern als Farben malte,

„The Rocky Horror Show" (2011/12)
Oliver Jaksch (Eddie), Nina Baukus (Columbia)

„The Blues Brothers" (2010–13)
Thomas Gerber (Elwood), Oliver Jaksch (Jack)

„Götz von Berlichingen"
(2013)
Oliver Jaksch (Götz)

Heinz Kreidl bei den Proben zur „Dreigroschenoper" (2009)

charakterisiert, bezeichnet Heinz Kreidl in seiner Regiearbeit als „Marionettenspieler": „Er hatte die Fäden in der Hand und führte uns gut. Die Proben waren sehr intensiv. Seine Gestik hatte etwas Tänzerisches, und er vergaß oft die Zeit", erinnert sich die Musicaldarstellerin. Für Laura Remmler war Heinz Kreidl „mein erster Regisseur", dem sie assistierte: bei der „Midsummernight's Sex Comedy" von Woody Allen in der Spielzeit 2009. „Er wollte künstlerisch etwas bewirken und war sehr respektvoll mir gegenüber, was damals gar nicht so selbstverständlich war." Sie hat Heinz Kreidl als „Rhythmustyp" kennengelernt, der Arbeitspausen nicht so gern mag, sondern „den Szenen ihren Raum geben will". Und sie hat von ihm gelernt und verinnerlicht, z. B. unter gar keinen Umständen Halbkreise auf der Bühne zu dulden: „Das sieht grauslich aus. Wie Schülertheater." Auch Laura Remmlers Großvater, Jagsthausen-Urgestein Robert Remmler, hat bei Kreidl noch gespielt. Ihre letzten Regieassistenzen unter Kreidl waren „Götz von Berlichingen" und „Amadeus" von Peter Shaffer im Sommer 2013.

Willi Welp, der in der Intendanz von Heinz Kreidl nur als Regisseur gearbeitet hat – 2010 bis 2012 bei der „Rocky Horror Show", 2013 bei „Aida" –, erinnert sich an einen „tollen Menschen", seine hohe künstlerische, visionäre Ambition, seine große Anspannung und daran, dass er ihm immer freie Hand gelassen hat. „Das Ensemble für die ‚Rocky Horror Show' konnte ich mir aussuchen: Du sagst, was du brauchst, meinte er. Das schweißte uns schon mal zusammen." Beim Casting war Kreidl dann dabei. Wie Willi Welp damals mit den Bewerbern menschlich umging, nötigte seinem Chef größten Respekt ab: „Von dir kann ich noch was lernen", machte der Intendant seinem Regisseur ein großes Kompliment. Mit Gerhard Lang aus Jagsthausen als Rocky im goldenen Glitzerhöschen präsentierte Willi Welp dann in der umjubelten Inszenierung eine unvergessliche Figur, die „von Natur aus alles für diese Rolle hatte, ohne es zu wissen".

„A Midsummernight's Sex Comedy" Markus Stollberg (Maxwell), Julia Holmes (Dulcy), Andrea Wolf (Ariel), Gerhard Hermann (Andrew)

„Aida" (2013)
Szenenfoto mit Jessica
Mears als Aida und
dem Festspielchor

„The Rocky Horror Show"
(2012)
Gerhard Lang als Rocky

Anspruch statt Seichtheit und der Genius Loci – Heinz Kreidls Theateransatz

„Götz von Berlichingen"
(2010)
Ulrich Bähnk (Götz)

Wenn Heinz Kreidl heute auf seine Jagsthäuser Zeit zurückblickt, waren es „sehr schöne Jahre", in denen er viel künstlerische Gestaltungsfreiheit genoss. Sein Anspruch an sich selbst war, ernsthaftes und anspruchsvolles Theater so zu inszenieren, dass es ankommt: „Das hat funktioniert."

Der Intendant definierte seinen Anspruch auch über den Genius Loci, das unvergleichliche Burgambiente. Der Burghof, seine Lage und Einbettung in die Umgebung, sein Charakter, seine Wertigkeit, seine Aura und Atmosphäre waren für ihn Ausgangspunkt seiner theatralischen Überlegungen. Ein Ort, an dem Erinnerung, Wahrnehmung und Deutung eins werden sollen. Oder anders gesagt: Natur, Architektur und Kunst müssen miteinander verschmelzen. Mit dem Vogelgezwitscher, dem Fledermausflattern, den Insektentänzen, den verschiedenen Schattierungen der Dämmerung, den unterschiedlichen Regenformen und Lichtspiegelungen. Das hieß für Kreidl: kein Brimborium und keine aufwendigen Bühnenbilder für eine Bühne, die eigentlich gar keine ist, vor allem keine Styroporbühnenbilder. „Stahl und Glas sind neben Holz die einzigen Materialien, die passen, weil sie sich mit der Natur verbinden. In seiner zweiten „Götz"-Inszenierung in der Spielzeit 2010 mit Ulrich Bähnk in der Titelrolle ist ihm das in Zusammenarbeit mit Bühnenbildner Herbert Neubecker gelungen. Heinz Kreidls stärkste Bühnenbildinspiration für Jagsthausen war eine Glaspyramide wie im Innenhof des Pariser Louvre.

Seine Traumvorstellung vom Genius Loci bezog auch das Dorf mit ein. „Ganz Jagsthausen müsste fiebern, überall müssten Plakate hängen, Fahnen wehen." Als er, von Olnhausen kommend, zum ersten Mal in den Ort fuhr, sah er CDs in den Bäumen hängen. „Ah, die haben sich was einfallen lassen", dachte er, „toller Werbegag." Am Ziel dann die Ernüchterung: „Ich Depp", erkannte er, „das hat nichts mit den Festspielen zu tun. Es ist eine Maßnahme gegen Wildwechsel." Vor dem Roten Schloss wollte Heinz Kreidl eine Litfaßsäule aufstellen lassen, Nachmittagskonzerte am Weißen Schloss schwebten ihm vor: „Der Ort muss auch musikalisch leben. Wobei Musik nicht unbedingt gleich Musical ist." Die meisten dieser Träume blieben Träume. Ein großer Erfolg wurde die von ihm initiierte Hörbar und auch seine Spielpläne, die es schafften, Anspruch und Ökonomie zu verbinden. In Heinz Kreidls letzter Spielzeit 2013 kamen

„Götz von Berlichingen"
(2010), Bühnenbild
Herbert Neubecker

"Amadeus" (2013)
Matthias Zera (Wolfgang Amadeus Mozart)

die Burgfestspiele auf eine durchschnittliche Platzausnutzung von 75 Prozent. Stolz ist der gebürtige Österreicher auf seine Inszenierung der „Dreigroschenoper" von Bertolt Brecht, die er 2008 als „das Stück der Stunde" empfand, „Amadeus" von Peter Shaffer, Woody Allens „A Midsummernight's Sex Comedy" und seine „Götz"-Inszenierungen, vor allem die letzte. Im Sommer 2011 gab es in Jagsthausen erstmals keinen zweiten Klassiker, nur zehn Mal den „Götz von Berlichingen" und Edward Albees „Wer hat Angst vor Virginia Woolf ...". „Ein moderner Klassiker", betont Kreidl, „und keiner dachte, dass das funktioniert." Die Inszenierung mit Sonja Baum (Honey), Roman Schmelzer (Nick), Hartmut Volle (George) und Andrea Wolf (Martha) war für den damaligen Götz-Darsteller Oliver Jaksch das Highlight: „Heinz Kreidl hatte einen Riecher dafür, was im Burghof geht." Z. B. auch Peter Löschers Inszenierung von Schillers Jugendstück „Die Räuber", das er Goethes Jugendstück „Götz von Berlichingen" gegenüberstellte.

„Die Räuber" (2009)
v. l.: Sascha Littig (Schwarz), Dietmar Horcicka (Schufterle), Thomas Gerber (Spiegelberg), Cino Djavid (Roller/Hermann), Ralf Stech (Karl), Christoph Wehr (Razmann), Olaf Paschner (Schweizer)

„A Midsummernight's
Sex Comedy" (2009)
Julia Holmes (Dulcy),
Gerhard Hermann
(Andrew), Markus Stollberg
(Maxwell)

„A Midsummernight's
Sex Comedy" (2009)
Markus Stollberg
(Maxwell), Katharina
Brenner (Adrian),
Julia Holmes (Dulcy)

„Wer hat Angst vor Virginia Woolf ..." (2011) mit Sonja Baum (Honey), Roman Schmelzer (Nick), Hartmut Volle (George) und Andrea Wolf (Martha)

„Amadeus" (2013)

„Amadeus" (2013)
Uwe Serafin (von Orsini-Rosenberg), Matthias Zera (Wolfgang Amadeus Mozart)

„Amadeus" (2013)
Regine Heiden (Theresa Salieri), Ulrich Bähnk (Antonio Salieri), Beatrice Alsen (Katharina Cavalieri)

Kammerspiel und Mozart-Klänge

Das Kammerspiel „Wer hat Angst vor Virginia Woolf ..." voller rücksichtsloser seelischer Entblößungen, dieser intelligente verbale Schlagabtausch zweier Ehepaare, dieses rasende Salonmassaker wirkte auf der breiten Bühne so, als sei es eigens für den Burghof geschrieben worden. Für den alkoholgetränkten Reigen der Selbsttäuschungen, Erniedrigungen und Lebenslügen hat A. Christian Steiof ein pfiffiges Bühnenbild geschaffen: eine großbürgerliche Gartenlandschaft mit Lounge-Sesseln, Spirituosentisch und Swimmingpool. „Kreidl und sein Ensemble legen behutsam die komödiantischen Elemente des erstaunlich frischen Stücks frei, einer Mischung aus Psychodrama, Ehetragödie und absurdem Theater, die im Titel das Kinderlied ‚Who's afraid of the big bad wolf' (Wer hat Angst vorm bösen Wolf) verballhornt", schrieb ein Kritiker.

„Amadeus" war 2013 Kreidls letzte Inszenierung für Jagsthausen: „Ich wollte zum Abschied noch Mozart in diesen Mauern hören und dann ruhig abtreten", sagt er heute: „Es wurde eine meiner schönsten Inszenierungen." Das fand auch die Kritik: „Kreidls Zugriff auf den Stoff ist so einfach wie logisch: Lass die Figuren aufeinanderprallen, und es wird Funken schlagen. Doch geschieht das nicht mit dem Holzhammer, hier wird mit dem Florett gefochten. Kein Brüllen, kein Türenschlagen: Es sind die leisen Momente, die geflüsterten, in denen das Stück seine Bedrohlichkeit entfaltet, in denen die Dimension der Vernichtung eines Genies spürbar wird. ... Ulrich Bähnks Salieri hat keine Teufelsfratze, er ist das lachende Böse, hinterhältig und gemein. Jedem säuselt er freundlich ins Ohr, dieser Flüsterer, und hält dabei den imaginären Dolch in der Hand. Mozart gegenüber gibt er sich als Förderer aus, doch wird er zu seinem Mörder. Bähnk hat sie alle drauf, die Facetten des Intriganten, er dominiert den Burghof mit seiner enormen Bühnenpräsenz." Auch das gehörte zu Heinz Kreidls Theateransatz: Nicht um jeden Preis fernsehbekannte Schauspieler zu holen, sondern besonders für die Hauptrollen erfahrene Theaterprofis wie Ulrich Bähnk.

„Amadeus" (2013)
Julia Baukus (Constanze Weber), Matthias Zera (Wolfgang Amadeus Mozart)

„Amadeus" (2013)
Szenenfoto

Das Stück zur Bankenkrise 2008 – Brechts „Dreigroschenoper"

Bertolt Brechts „Dreigroschenoper" erlebte ihre Uraufführung am 31. August 1928 im Berliner Theater am Schiffbauerdamm, am Vorabend der bisher größten Krise der Weltökonomie. „1928 wie auch Ende 2008 löste der Zusammenbruch der internationalen Finanzmärkte eine gewaltige Wirtschaftskrise aus", schrieb Schirmherr Professor Reinhold Würth im Programmheft der Spielzeit 2009, die erstmals in Jagsthausen diesen modernen Klassiker vorstellte. Doch der Künzelsauer Unternehmer wies auf die Unterschiede hin. Damals litten die Wirtschaften der industrialisierten Welt unter den gewaltigen Nachwirkungen der globalen Katastrophe des Ersten Weltkriegs und sozialen Ungleichheiten in diesen Staaten. Heute sei die menschenwürdige Existenz weitestgehend gesichert, so Würth, der mit einem Exkurs zum Kultursponsoring endet: „Zeiten der Krise sind auch Zeiten voller Chancen, denn sie zwingen zum Nachdenken, Überdenken, Umdenken. Arbeitsweisen werden überprüft, Strukturen hinterfragt, neue Wege werden gesucht."

Der weltweiten Finanzkrise ab 2008 ging eine Kette von Ereignissen voraus, die dann einen Beinahe-Zusammenbruch des Weltfinanzsystems zur Folge hatte. Am 15. September 2008 war die New Yorker Investmentbank Lehman Brothers pleite, der bislang größte Konkursfall in der US-Geschichte. Die Schockwellen breiteten sich in der ganzen Welt aus und kosteten Millionen Menschen, Unternehmen und Banken die Existenz. Sogar ganze Staaten wie Griechenland, Italien, Portugal und Zypern gerieten ins Wanken, was die anschließende Eurokrise zur Folge hatte. Als Auslöser der Finanzkrise galt der spekulativ aufgeblähte Immobilienmarkt in den USA und Europa, hier besonders in Spanien, zwischen 2001 bis 2006. Schuld waren enorm gestiegene Preise, historisch niedrige Finanzierungskosten wegen der laxen Geldpolitik der großen Zentral- und Notenbanken und eine Politik der Kreditvergabe, bei der sich auch Familien mit niedrigen Einkommen ein Eigenheim leisten konnten.

Mit der „Dreigroschenoper" von Brecht/Weill eröffnete Heinz Kreidl seine erste Jagsthäuser Spielzeit 2009, mit Karim Khawatmi als Macheath und Asita Djavadi als Polly Peachum. Ein programmatischer Start dieses oft unbequemen Intendanten: „Wenn schon Musiktheater, dann kein klischeebehaftetes Musical, sondern die ‚Dreigroschenoper'." Die Stimmung von 1928 glich in den Augen des Intendanten und Regisseurs einem Tanz auf dem Vulkan. Und der „apokalyptische Grundduktus dieses Stückes" schien ihm

„Die Dreigroschenoper"
(2009)
Karim Khawatmi
(Macheath), Asita Djavadi
(Polly Peachum)

„Die Dreigroschenoper"
(2009)

„Die Dreigroschenoper"
(2009)
Thomas Ney (Filch/Smith),
Karim Khawatmi
(Macheath), Asita Djavadi
(Polly Peachum)

„Die Dreigroschenoper"
(2009)
Andrea Wolf (C.
Peachum), Matthias
Scheuring (J. J. Peachum)
mit dem Festspielchor

von großer Aktualität: Gier, Korruption, Hemmungslosigkeit und Fatalismus ergaben eine brisant-gefährlich-explosive Mischung, die uns 2009 nicht fremd erschien und bis heute weitergärt. Das erfolgreichste Theaterstück der Weimarer Republik und seine Bezüge zur Gegenwart herauszuarbeiten, war Heinz Kreidls Ansatz. Brechts „Was ist ein Einbruch in eine Bank gegen die Gründung einer Bank?" liest sich vor diesem Hintergrund wie ein Kommentar zu den wirtschaftlichen Desastern der Gegenwart. Bettler, Räuber und brave Bürger haben alle nur ein Ziel: gute Geschäfte machen.

Mäuse und blaue Flecken

Im Burghof gab es kein Bühnenbild, sondern ein Gerüst wie bei Renovierungsarbeiten. Laiendarsteller mussten unter der niedrigen Bühne durchkriechen, um als schaurige Bettler durch eine Bodenklappe aus dem Untergrund nach oben zu krabbeln. Bis zu zehn Minuten harrten sie unter der Bühne aus, bis sie klettern durften. „Da läuft auch schon mal eine Maus vorbei", gaben sie später zu Protokoll. Die Kritik sprach von einer „recht gefälligen" Inszenierung:

„Die Dreigroschenoper" (2009), Karim Khawatmi (Macheath), Asita Djavadi (Polly Peachum), Julia Holmes (Lucy)

„Die Dreigroschenoper"
(2009)
Matthias Scheuring
(J. J. Peachum)

„Die Dreigroschenoper"
(2009)
Szenenfoto

„Zwischen Melodram, Musical und Sozialschmonzette siedelt der Regisseur den Existenzkampf an zwischen Peachum, Chef der Londoner Bettelmafia, und Macheath, einem Verbrecher, der beste Beziehungen zum Polizeichef pflegt. ... Plastikplanen ragen in den Burghof herunter, wo ein Dutzend Autoreifen auf das Reich von Jonathan Peachum verweist. Matthias Scheuring gibt den Inhaber der Firma „Bettlers Freund", der seine Leute so ausstattet, dass sie das Mitleid der Passanten erregen, wunderbar skrupellos. Er und Asita Djavadi, die als naiv verliebte und doch kämpferische Polly überzeugt, sind zentrale Figuren am Premierenabend. Dass Djavadi mit erfahrener Musicalstimme den Burghof ausfüllt, steht außer Frage."

Asita Djavadi erinnert sich an eine sehr „brechtweillige" Inszenierung und an blaue Flecken vom Gerüsthochklettern. „Das Stück ist ja unkaputtbar", meint die Schauspielerin und Sängerin, „und immer geeignet, politische Bezüge herzustellen." Das Publikum jedenfalls mochte Kreidls Einstandsinszenierung im Burghof: Die 16 Aufführungen sahen mehr als 12 700 Besucher, was einer Auslastung von 85 Prozent entsprach. Ob diese Tatsache Bert Brecht gefreut hätte? Eher nicht. Brecht war über den Erfolg seines Stückes in der Weimarer Republik entsetzt, denn er „offenbarte, dass ihn das Publikum nicht verstand", schrieb Heide Recker im Programmheft. Und dass die Brecht-üblichen Verfremdungseffekte verpufften, lag an den mitreißenden Songs von Kurt Weill, die Spuren von Jazz, Tango und Jahrmarktsmusik mischten und sie mit ironischen Schlenkern zu Oper und Operette kombinierten. Manche, wie das Lied von der Seeräuber-Jenny und die Moritat von Mackie Messer, wurden gar Welthits.

Großer Wurf und neues Publikum – „The Blues Brothers" und „The Rocky Horror Show"

Die schönsten Erfolge sind immer die, die kein Mensch erwartet hat. Zunächst mit Skepsis in den Spielplan aufgenommen, entpuppte sich das „dreckige" Musical „The Blues Brothers" nach dem Film von John Landis als Dauerbrenner und größter Erfolg der Burgfestspiele überhaupt. Vier Spielzeiten lang, vom 24. Juni 2010 bis zum 23. August 2013, rockten Oliver Jaksch als Jake und Thomas Gerber als Elwood den Burghof und lockten mehr als 50 000 Besucher nach Jagsthausen – wie viele davon zum ersten Mal, darüber gibt es keine Statistik. Was war der Grund für diesen phänomenalen Erfolg? „Es war der Punk", antwortet Oliver Jaksch heute lapidar, „der Abend hatte so eine Anarchie, weil auch Regisseurin Barbara Neureiter diese Lust auf Anarchie hatte." Zusammen mit zwölf Schauspielern, über 50 Statisten zwischen sieben und 70 Jahren, einer fabelhaften Live-Band aus der Region unter der Leitung von Laurenz Wannenmacher, mit mitreißenden Gesangs- und Tanzeinlagen in der Choreografie von Regine Heiden, richtete die gebürtige Österreicherin Neureiter ein organisiertes Chaos an, das den Darstellern ebenso viel Spaß machte wie dem Publikum, das es meist schon nach der ersten Nummer nicht mehr auf den Sitzen hielt. Auch die Laien liebten den Dauerbrenner: „Weil sie hier vieles durften, was sie sonst nicht durften", bringt Oliver Jaksch die lässige Anarchie auf den Punkt. „Wir hatten uns vorgenommen, jeden Abend die Burg abbrennen zu lassen. Es war jedes Mal ein Fest." Im Programmheft von 2013 erinnert sich Regisseurin Barbara Neureiter an die Premiere 2010, bei der sie „am liebsten sehr weit weg gewesen wäre". Denn: „Die Zeichen standen auf Katastrophe. Es klappte nichts, und die Menschen, die zu diesem Zeitpunkt noch daran dachten, dass das jemals überhaupt funktionieren würde, konnte ich an einer Hand abzählen. Einer davon: Heinz Kreidl, unser Intendant. Er lächelte und ermunterte zwischen versteinerten Gesichtern, und ich wusste nicht genau: Ist das jetzt Zweckoptimismus oder tatsächliche Überzeugung? Heute weiß ich es: Er war überzeugt davon."

Asita Djavadi, die die Rolle von Jakes Exfreundin Carrie spielte, wurde bei den Proben in ihrem Credo „Es ist wichtig, sich selber treu zu bleiben" bestätigt. Regisseurin Barbara Neureiter wollte, dass Djavadi die Rolle mit schrägem, verzerrtem Gesang gestalten soll. Die Sängerin stellte sich quer mit dem Argument, sie wolle ja ihre Stimme nicht kaputtmachen. Der Zoff zwischen den beiden Frauen entschärfte sich erst, als sie Klartext miteinander redeten. Als sie mit der Rolle nicht mehr fremdelte, sondern die Figur der Carrie lieb gewonnen hatte, machte Asita Djavadi sich auf zu einer Gratwanderung, bei der sie den richtigen Sound fand, ohne sich zu verbiegen: „Man lernt, über Grenzen zu gehen, alles aus sich rauszuholen. Aber man stellt sich auch die Frage, wo bleibe ich als Individuum, wie finde ich da wieder heraus." Sie schätzt Regisseure, die ihre Leute schützen wie Helga Wolf oder Willi Welp: „Guten Regisseuren ist der Effekt nicht wichtiger als der Mensch." Nach dem reinigenden Gewitter ist zwischen Barbara Neureiter und Asita Djavadi, wie die Sängerin betont, „ein schönes Verhältnis" entstanden.

„The Blues Brothers" (2010–2013)
Asita Djavadi als Carrie, Jakes Exfreundin

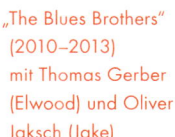

„The Blues Brothers"
(2010–2013)
Bridget Fogle (Reverend Brown)

„The Blues Brothers"
(2010–2013)
mit Thomas Gerber (Elwood) und Oliver Jaksch (Jake)

Theater als Mammutanstrengung

Dieses Ringen um eine Rollengestaltung zwischen Regisseurin und Darstellerin wirft ein kleines Schlaglicht auf die harte Probenarbeit an Theatern, die nicht nur Einfühlungsvermögen, sondern auch Experimentier- und Entdeckerlust und nicht zuletzt viel, sehr viel Kreativität, Ausdauer und Zeit fordert. Die Publizistin Carolin Emcke, 2016 Trägerin des Friedenspreises des Deutschen Buchhandels, hat das in ihrer Kolumne für die *Süddeutsche Zeitung* wunderbar zusammengefasst: „Kultur ist kein Zauber, sondern Maloche. Sie entsteht nicht in der Fantasie, sondern sie braucht materielle Grundlagen: Gebäude, Werkstätten, Hebebühnen, Tonanlagen, Lichttechnik, Kostüme, Archive, Heizungen. Kultur ist auch kein spontaner, isolierter Akt eines Einzellers, sondern sie ist langfristige, koordinierte Planung von Gruppen mit unterschiedlicher Expertise. Kultur ist kein lustiges Spiel, sondern eine logistische, soziale, ökonomische Mammutanstrengung." Und sie gebiert, wenn die Rahmenbedingungen stimmen, so wunderbare Dinge wie „The Blues Brothers" in Jagsthausen. Auch hier stimmte der Ensemblegeist, weil alle, so die Regisseurin, Verantwortung übernahmen. Schauspieler, Statisten, Techniker, Abendspielleitung, Maskenbildner, Ankleide und alle, die hinter der Bühne walten. Genau das brauchte diese „wilde und gleichzeitig fragile Produktion, die immer ein Drahtseilakt sein wird".

„The Blues Brothers"
(2010–2013)
Thomas Gerber (Elwood),
Oliver Jaksch (Jake),
Melvin Edmondson (John Hooker)

Barbara Neureiters pfiffige Inszenierung schaffte den Spagat, Massenszenen flüssig aussehen zu lassen und dennoch nicht den liebevollen Blick fürs Detail zu verlieren. „Die beiden Hauptdarsteller mit schwarzem Anzug, schwarzer Krawatte, schwarzem Hut, schwarzer Sonnenbrille und weißem Hemd ragten dabei heraus: Oliver Jaksch als abgebrühter, überraschend beweglicher Jake mit Erweckungserlebnis und Thomas Gerber als supercooler Elwood", schrieb ein Rezensent. Mit aufopferungsvoller Hingabe verfolgen sie ihr Ziel, ihre alte Band zusammenzutrommeln, um Geld für die Rettung des Waisenhauses einzuspielen. Doch der Plan gerät in Gefahr: Die Motorradpolizei verfolgt sie, eine dämliche Country-Western-Truppe macht ihnen das Leben schwer, dümmliche Nazis marschieren auf und Jakes Ex scheitert mit den Attentaten auf den Verflossenen. Für authentisches Blues-, Gospel- und Rhythm'n'Blues-Feeling sorgten die Schwarzen Sänger Bridget Fogle und Melvin Edmondson in Mehrfachrollen. Nicht zu vergessen das Bluesmobil, ein schwarz-weißer Opel Rekord, Baujahr 1978, mit Illinois-Kennzeichen, sowie ein MAN-Traktor von 1954, seit jeher Lastesel der Burgfestspiele, der haarscharf durch den Torbogen passt. Rasante Verfolgungsjagden, explodierende Telefonzellen und abstürzende Zimmerböden sorgten für Action, für die Ohrwürmer wie der Steve-Winwood-Klassiker „Gimme Some Lovin" oder Solomon Burkes „Everybody Needs Somebody To Love" einen prima Soundtrack abgeben. Am Ende ist das Waisenhaus gerettet, aber die Blues Brothers sind im Knast, wo sie den „Jailhouse Rock" anstimmen. „Wir sind im Auftrag des Herrn unterwegs. Und die Wege des Herrn sind unergründlich", sagen Jake und Elwood. Immerhin hat der Vatikan den 1980 gedrehten Film 2010 zum „katholischen Klassiker" geadelt. Jagsthausens Dreifaltigkeit aus Musik, Action und Humor war im Burghof vier Jahre mit Karacho und Witz unterwegs – auch in der letzten Spielzeit noch mit einer Traumauslastung von 94 Prozent. Und ging im Auftrag bester Unterhaltung in die Burghof-Annalen ein.

„The Blues Brothers"
(2010–2013)
Das Bluesmobil, ein Opel Rekord, Baujahr 1978

„The Blues Brothers"
(2010–2013)
Melvin Edmondson (Curtis), Thomas Gerber (Elwood), Oliver Jaksch (Jake)

Im Fluss der Triebe

Neuland betraten die Burgfestspiele in den Jahren 2011 und 2012 mit dem Kultmusical „The Rocky Horror Show". Seit 2001 hatten Regisseur Willi Welp und Geschäftsführer Roland Halter ihre Idee verfolgt, die „Rocky Horror Show" in den Burghof zu bringen. Nach der Überwindung diverser Widerstände war es schließlich zehn Jahre später in der Intendanz von Heinz Kreidl, am 16. Juni 2011, so weit. Sorgte das bizarre Musical um sexuelle Selbstfindung und Umkehrung bürgerlicher Moral in den Siebzigern für Furore, war es 2011 schon ein Klassiker. Ein Werk, das lustvoll nicht nur die Grenze zwischen Kunst und Kitsch aufhebt, sondern auch zwischen Akteuren und Publikum. Niemals zuvor stiegen Zuschauer verrückt verkleidet und grell geschminkt auf die Tribüne im ehrwürdigen Burghof. Willi Welp setzte in seiner Inszenierung auf Tempo und Präzision. „Sie kann sich auf ein ausgezeichnet singendes und spielendes Ensemble, einen präsenten Chor und eine begeisternd rockende Band aus Mitgliedern der Musikhochschulen Karlsruhe und Stuttgart verlassen. Die Parodie auf zweitklassige Horror- und Science-Fiction-Filme und Spießertum funktioniert auch dank der Choreografien von Regine Heiden", lobte ein Rezensent.

Wer am Premierentag im prasselnden Regen schlecht gelaunt nach Jagsthausen gefahren war, war nach der knackigen 95-Minuten-Show wieder froh gestimmt. Schon nach dem ersten Stück „Science Fiction, Double Feature" spürte man die erste Ladung Reis im regencapegeschützten Rücken. Erzähler Thomas Ney brachte zur Freude des Publikums die dunklen Regenwolken am Himmel mit der nassen Novembernacht zusammen, in der Janet und Brad nach einer Reifenpanne im Nirgendwo stranden. Zu Janets Song „There's A Light" schwenkten die Hardcore-Fans Leuchtstäbe, luden ihre Wasserpistolen oder brachten ihre Zeitungsexemplare als Regenschutz in Position. Und die Götzenburg präsentierte sich für diese Produktion so prädestiniert als Szenerie und so jung, als sei sie eigens für die „Rocky Horror Show" (nach-)gebaut worden. In einem nahegelegenen Schloss nämlich treffen Janet und Brad auf eine seltsame Gesellschaft singender Transvestiten, geklonter Sexspielzeuge und getarnter Außerirdischer, die unter der Fuchtel ihres exzentrischen Masters Frank'n'Furter stehen. Der präsentiert seine neueste Schöpfung: das blonde, muskelbepackte Retortenwesen Rocky.

„The Rocky Horror Show"
(2011/12)
Nina Baukus (Columbia),
Franziska Sörensen
(Magenta)

„The Rocky Horror Show"
(2011/12)
Tino Andrea Honegger
(Frank'n'Furter)

Ein Trüffel und Strapse für die Burg

„Welps Inszenierung zeigt eindrucksvoll, dass die krude Story nichts von ihrer Faszination verloren hat. Die Band unter der Leitung von Andreas Binder bringt die Musik aus der Glamrock-Ära so frisch rüber, als schrieben wir das Jahr 1973. Hits wie „Time Warp", „Hot Patootie, Bless My Soul" oder „Touch-A, Touch-A, Touch Me" haben einfach zeitlose Qualität", so die Kritik. „Tino Andrea Honegger ist ein perfekter Frank'n'Furter. Ein androgyner egomanischer Machtmensch in Strapsen, der nur seine Triebe kennt. Prima singen und tanzen kann er auch. Das Paar Asita Djavadi (Janet) und Sascha Littig (Brad), das unsere Ängste und Phantasien auslebt, passt gut

Don't dream it, be it!
„The Rocky Horror Show"
(2011/12)
Sascha Littig (Brad Majors, links), Tino Andrea Honegger (Frank'n'Furter, mitte), Gerhard Lang (Rocky, rechts)

„The Rocky Horror Show"
(2011/12)
Sascha Littig (Brad Majors),
Asita Djavadi (Janet Weiss)

„The Rocky Horror Show"
(2011/12)
Thomas Ney (Erzähler)

zusammen. Djavadi bietet einen ausgewogenen Mix aus Angst, Lust und Hysterie, Littigs Brad pendelt zwischen Beschwichtigung und Sich-Treibenlassen im Fluss der Triebe. ... Olaf Paschner als buckliger Riff-Raff, Franziska Sörensen (Magenta) und Nina Baukus (Columbia) sind prächtige Typen. Und Oliver Jaksch macht aus seiner Doppelrolle als Eddie und Dr. Scott kleine Kabinettstückchen." Willi Welp fütterte seine Inszenierung mit Anspielungen auf Filme oder den „Götz", aber überlud sie nicht und vergaß auch nicht die ruhigen Passagen. Der „Rocky"-Stoff ist gut gealtert und wird in seiner artifiziellen Art und mit der wunderbaren Musik wohl auch die Zeiten überdauern. „Das Musical war ein Trüffel für die Burg", sagt Oliver Jaksch kurz und bündig. „Und lebte von einem wunderbaren Ensemblegeist", fügt Asita Djavadi hinzu.

Mit den „Blues Brothers" und der „The Rocky Horror Show" hatte Jagsthausen 2011 und 2012 gleich zwei gut gemachte und publikumswirksame Musicals im Rennen. War das nicht eine sorglose Verschwendung wertvoller Ressourcen, zwei hochkarätige Zugpferde gleichzeitig starten zu lassen? „Auf keinen Fall", sagt Oliver Jaksch ein Dutzend Jahre später mit entwaffnender Bestimmtheit, „wir hatten ja immer die Bude voll." Jaksch spielte 2011 nach einer äußerst kurzfristigen Übernahme von einem erkrankten Kollegen auch noch den Götz im Traditionsstück, eine Rolle, die er 2013 nochmals übernahm. Die Sommer 2011 – da erhielt er den zum ersten Mal verliehenen Publikumspreis der Burgfestspiele – und 2012 jedenfalls waren für ihn wahnsinnig intensiv: „Ich bin aus diesem Hochgefühl gar nicht mehr herausgekommen."

„The Rocky Horror Show"
(2011/12)
Sascha Littig (Brad Majors),
Asita Djavadi (Janet Weiss)

Let's do the Timewarp again ...
„The Rocky Horror Show"
(2011/12)

Von Hörbar bis streitbar und Innovationen beim „Götz"

Um die Burgfestspiele noch besser im Dorf zu verankern, rief Heinz Kreidl bereits in seinem ersten Intendantenjahr die Hörbar ins Leben. Jeden Samstag um 17 Uhr präsentierten sich Ensemblemitglieder im Theaterzelt im Burggraben anderthalb Stunden lang mit eigenen musikalisch-literarischen Programmen. Was als Multiplikator fürs Hauptprogramm gedacht war, entwickelte sich schnell zu einem beliebten Kleinkunst-Café mit Barbetrieb. Im ersten Jahr zählte das neue Format 700 Besucher, 2011 bereits 1200. Sie schätzten es, das Ensemble bei freiem Eintritt in lockerer, zwangloser Atmosphäre mit einem Glas in der Hand auf ganz andere Art kennenzulernen als in den Aufführungen. „Die Hörbar lief hervorragend, wir hatten auch viele Stammgäste", erinnert sich Heinz Kreidl. Immer da und für alle ansprechbar war Bundespräsident Roman Herzog. Das beliebte Forum wurde 2013, in Kreidls letztem Intendantenjahr, stillschweigend gestrichen.

Hörbar

Was zur Folge hatte, dass Kreidl im Zorn schied. Der *Heilbronner Stimme* gab er im August 2013 ein Interview, in dem er seinem Ärger Luft machte: „Alles, was mir neben den Inszenierungen für den Burghof wichtig war, hat man mir in der abgelaufenen Spielzeit unter den Füßen weggezogen. Die Geschäftsführung hat die Hörbar, die fast eine Kultinstitution war, dazu noch kostenfreie Werbung und ein Identifikationselement, mit einem Handstreich hinweggefegt. Unerfreulich fand ich auch, dass man die Filmtrailer während der Spielzeit aus dem Internet und von der Burgwand entfernt hat", sagte der damals 67-Jährige. Nicht die Nichtverlängerung seines Vertrags sei enttäuschend, die sei normal. „Enttäuschend ist die Nichtverlängerung in einer Phase großen Erfolgs. Ich bin jetzt auch nicht beleidigt, sondern stolz. Ich habe die Zeit genossen, bin aber wütend über die genannten Begleiterscheinungen", sagte er der Zeitung. Kreidl hatte die Platzausnutzung von 78 Prozent (2009) auf 89 Prozent (2011) gesteigert, um beim Abschied 2013 wieder bei 75 Prozent zu landen.

Überrascht über „diesen emotionalen Ausbruch" zeigte sich Geschäftsführer Roland Halter in seiner Reaktion auf das Interview. Es sei Aufgabe einer konzeptionell denkenden Geschäftsleitung, Regeln und Rahmenbedingungen vorzugeben, die langfristig der Sicherung des Unternehmens dienen. Zur Einstellung der Hörbar und zur Entfernung der Trailer erklärt Halter, dass Kreidl die Problematik des bisherigen Veranstaltungsorts seit November 2012 bekannt war und er das Angebot der Festspielleitung vom März 2013, die Hörbar im Theaterkeller fortzuführen, wegen künstlerischer Bedenken leider abgelehnt habe. Und die durch den Wegfall des Trailers an der Burgwand eingesparten Gelder seien in eine veränderte Werbestrategie investiert worden. Der Knatsch ist nach einer Aussprache der Beteiligten längst beigelegt. 2022 kehrte Heinz Kreidl in den Burghof zurück. Als Zuschauer der „Götz"-Inszenierung von Wolfram Apprich mit Stefan Szász in der Titelrolle: „Sie hat mir sehr gut gefallen."

Hörbar

Simultanszenen wie im Film

Der streitbare Heinz Kreidl hat schon bei seinen eigenen „Götz"-Inszenierungen eigenwillige und innovative Wege eingeschlagen. Noch unter Intendant Jan Aust inszenierte er 2007 das Traditionsstück mit Gerhard Garbers als Götz. Er ließ vor der Kulisse einer vom Blitz getroffenen Baumruine seine Lesart des „Götz" wie einen Film ablaufen ohne jeden Stopp. Sein zweiter Kunstgriff hat mit dem filmischen Ansatz zu tun: Kreidl stellte den Akteuren während der gesamten zweieinhalb Stunden Spieldauer die ganze Bühnenfläche zur Verfügung. Das führte zu vielen interessanten Simultanszenen: So starben der Weislingen von Jürgen Hartmann und die Adelheid von Cay Helmich fast parallel: er am Podest, sie auf der Treppe – inspiriert von Hitchcocks „Frenzy" mit heraushängender Zunge. Als Hommage an Shakespeare hatte Kreidl die Figur des Barfüßigen kreiert, aus der Barbara Krabbe eine wunderbar surreale Mischung aus Bänkelsänger, Dorftrottel und Orakel machte. Ihr heiseres Lachen blieb lange in Erinnerung. Diese allegorische Figur war eine Art roter Faden für die Inszenierung und eine Reminiszenz an Goethes Vorbild. Großes Kino also im Burghof, wobei die Genres wechselten: Mal sahen wir einen Arthaus-Film voller alptraumhafter, poetischer oder surrealer Bilder, mal einen Heimatfilm mit schwülstiger Musik, mal einen Kriegsfilm mit drastischen Sterbeszenen und allem, was die Pyrotechnik an Donner, Blitz und Rauch so hergibt. Knalleffekte, bei denen man nicht nur ums eigene Trommelfell fürchtete, sondern auch um die ganze Burg. Nach der Wiederaufnahme mit Arthur Brauss 2009 und Ulrich Bähnk 2010 kamen zwei neue Götz-Darsteller. 2011 sprang dann Publikumsliebling Oliver Jaksch kurzfristig für den erkrankten Ulrich Bähnk ein. Ganze zwei Wochen hatte er Zeit, diese Riesenrolle einzustudieren, neben seinem Engagement in den Produktionen „The Blues Brothers" und „The Rocky Horror Show". „Erst dachte ich, Mann, worauf hast du dich da eingelassen. Aber wenn man Kollegen und eine Regie hat, die einem das zutrauen, dann geht das auch", sagt Oliver Jaksch heute. Den Kollegen Bähnk hatte er im Vorjahr als Götz gesehen: „Ich hab also nicht bei null angefangen." Schräge Podeste, Plexiglas und Aluminium, blaues Neonlicht: Das Bühnenbild von Herbert Neubecker transportierte 2011 atmosphärische Kälte, die in starkem Kontrast zum heimeligen Ambiente der Götzenburg stand. In dieser an aufgeschichtete Eisschollen erinnernden Szenerie ließ Regisseur Kreidl sich das Schicksal einer Epoche und ihrer Menschen vollziehen. Jaksch war

„Götz von Berlichingen" (2009)
Arthur Brauss (Götz), Andrea Wolf (Elisabeth)

„Götz von Berlichingen" (2010)
Ulrich Bähnk (Götz)

„Götz von Berlichingen" (2013)
Barbara Krabbe (Der Barfüßige), Dan Glazer (Georg)

„Götz von Berlichingen"
(2012)
Peter Haber (Götz), Franziska Sörensen (Elisabeth)

ein Götz wie aus dem prallen Leben. Keine Kunstfigur, sondern ein Mensch, der lacht, kämpft, leidet, weint, ein Haudrauf, dem aber als Familienmensch Gefühle nicht fremd sind: urwüchsig, bodenständig, kämpferisch, verschmitzt. Kreidl, der selbst das Auslaufmodell Kaiser leise und demütig spielte, brachte einen veritablen Mittelalterkrimi in den Burghof.

Der Blick von außen

Im Sommer 2012 spielte mit dem Schweden Peter Haber erstmals ein Nicht-Deutscher die Titelrolle in Goethes Sturm-und-Drang-Drama, und erstmals inszenierte mit dem Dänen Jan Maagaard ein nicht-deutschsprachiger Regisseur. Eine Sicht von außen im 63. Jahr der Festspiele. Wie wollten der Schwede und der Däne mit dem fränkischen Reichsritter umgehen? „Genau wie wir auch mit einer historischen Figur von Shakespeare umgehen würden", antworteten sie unisono. „Zwischen Hoffnung, Freude und tiefster Verzweiflung", beschrieb der damals 59-jährige Peter Haber seine Gemütslage bei den Proben. Gewöhnungsbedürftig war für ihn, der sehr gut deutsch spricht – die Mutter Schwedin, der Vater Deutscher – die altertümliche Sprache Goethes: „Wenn die Kollegen eine Stunde mit dem Text arbeiten, dauert es bei mir vier Stunden", seufzte er. Heinz Kreidls 2019 verstorbene Ehefrau Angelika Gundlach, renommierte Übersetzerin von Literatur aus den skandinavischen Sprachen – u. a. Ibsen und Strindberg – hatte die Kontakte geknüpft. Peter Haber, international bekannt durch die TV-Rolle des Kommissars Martin Beck nach den Kriminalromanen von Maj Sjöwall und Per Wahlöö, und Regisseur Jan Maagaard kannten sich von gemeinsamen Arbeiten an Stockholmer Theatern. Eines Abends war Maagaard bei Peter Haber und seiner Frau zu Besuch und erzählte, er habe die Regie für den „Götz" in Jagsthausen übernommen. „Prima", sagte Haber – noch nicht ahnend, dass ihn sein dänischer Freund („Er ist so stur") nach gefühlt 100 Gesprächen so weit haben würde, Ja zur Titelrolle im „Götz" zu sagen. Haber und Maagaard sahen sich daraufhin die „Götz"-Aufführung im Sommer 2011 an und waren angefixt. Dennoch empfand Peter Haber die Proben als „unerhört anstrengend". Die Kritik sah in der Inszenierung des Dänen, der das Stück auch als Konfrontation mit dem Altwerden sah, „eine Art Requiem", und in Peter Haber einen stillen Götz, der ohne aufgeregte Geste melancholisch auf sein Ende zusteuert. Der scheidende Intendant Heinz Kreidl nahm vor seiner letzten Spielzeit auch öffentlich kein Blatt vor den Mund und machte keinen Hehl aus seiner Enttäuschung über die „Götz"-Inszenierung von Jan Maagaard im Jahr zuvor: „Zu behäbig und zu traditionsbewusst." Für 2013 schwebte ihm Goethes Sturm-und-Drang-Klassiker als Kammerspiel vor, ohne folkloristisches Beiwerk, ohne Statisterie, „ohne Kindergeburtstag" und ohne sportliche Fechtkämpfe. 2013 übernahm erneut Oliver Jaksch die Rolle des Götz: „Eine Herausforderung", meint er heute, „denn man will sich ja nicht wiederholen." Jaksch, der Stücktexte gewöhnlich relativ schnell nach der letzten Vorstellung vergisst, hatte aber den Götz „irgendwo im Rückenmark länger gespeichert. Es war relativ leicht, ihn wieder hervorzuholen. Schwierig sind eher die Textänderungen, die kleinen Details. In der neuen Inszenierung spielen wir nach einer Textfassung von Heinz Kreidl, sehr verdichtet, sehr abgespeckt", sagte er in einem Interview. Oliver Jaksch musste also auch Text vergessen – so, wie

„Götz von Berlichingen"
(2013)
Samia Chancrin (Adelheid), Thomas Gerber (Weislingen)

1. Bild von Heinz Kreidls Abschieds-„Götz" 2013: Mit zwölf Schauspielern macht er sich auf die Suche nach dem Kern von Goethes Jugendwerk

wenn man alte Gewohnheiten ändern möchte: „Ich habe mich erstaunlich schnell mit der Rolle wieder zurechtgefunden. Das ist so, als schlüpfe man in ein Lieblingsgewand. Und dann schaut man, ob alles noch sitzt. Man kann verfeinern, weil man sich ja auch verändert hat. Als mir Heinz Kreidl die Rolle angeboten hat, habe ich überlegt: Was könnte der Reiz sein? Wie geht man ein zweites Mal an die Rolle heran? Jetzt fühle ich mich bestätigt. Wir sind froh über das, was wir erarbeitet haben. Wir haben den Stoff entkernt und auf das Innerste reduziert. Alles, was ablenkt, ist eliminiert. Ich sehe, wie der Text anfängt zu fliegen, weil er auf das Wesentliche konzentriert ist und die Figurenkonstellation klar herausarbeitet."

Entschlackt bis auf den Kern

Den entschlackten, von Zierat und Nebenhandlungen befreiten „Götz" von 2013, sein Abschieds-„Götz", hält Kreidl für seinen besten. Wer die „Götz"-Inszenierungen im Burghof von Jagsthausen der vergangenen 20 Jahre Revue passieren ließ, erinnerte sich an pralle Bilderbogen, romantische Ritterspektakel, heftige Sturm-und-Drang-Exzesse, Bischöfe mit Mobiltelefon und resolute, rabaukige, nachdenkliche oder gebrochene Götz-Figuren. An grauenhafte Leichenberge, heitere Bauernhochzeiten und wuselige Massenszenen. Nichts dergleichen in Heinz Kreidls letzter Inszenierung des Traditionsstücks, das sich mit zwölf Schauspielern auf die Suche nach dem Kern dieses kunstvoll wirren Goethe-Frühwerks macht: Was macht die Macht mit den Menschen? Und was bedeutet das sehr dehnbare Wort Freiheit? Sein Abschieds-„Götz" funktionierte ohne Massenszenen – und war dabei weit entfernt, ein dröges Kammerspiel in überdimensionierter Kulisse zu sein. Kreidl startete mit einem starken Bild. Die zwölf Protagonisten betraten durch das große Tor die Szenerie (Bühne: Peter Schulz): Moderne Menschen, Touristen ähnlich, stocherten in den Resten der untergegangenen Ritterwelt. Bis sie selbst zu Protagonisten dieser Epoche wurden und die Chance hatten, die Existenz der Toten mit dem Wissen von heute noch einmal zu leben. Aber mit diesem Wissen, meinte die Inszenierung bitter, ist es nicht weit her. Machtkämpfe und Korruption? Im heutigen Europa an der Tagesordnung. Bewusst baute Kreidl Zitate aus früheren „Götz"-Inszenierungen ein: etwa das rote Kreuz und das Metallsegel aus Jan Maagaards klassischer Vorjahresinterpretation. Der Regisseur fand beklemmende apokalyptische Bilder für die Zeitenwende, die Götz symbolisiert, und den Konflikt der beiden Rechtssysteme, die an der Schwelle zwischen Mittelalter und Neuzeit kollidieren. Der Naturalismus des Krieges mit Feuerball und Kanonendonner war Zitat und Zugeständnis an den Ort. Die schwülstige Dekadenz des Klerus hatte Kreidl fast eliminiert, und mit dem Prinzip des simultanen, finalen Sterbens auf offener Bühne zitierte er das filmische Prinzip aus seiner ersten „Götz"-Inszenierung 2007. Als erster Regisseur verzichtete Kreidl beim „Götz" 2013 auf die Jagsthäuser Laien. „In dieser reduzierten Inszenierung konnte ich sie einfach nicht gebrauchen", argumentiert Kreidl heute: „Manchmal braucht es einfach keine Folklore." Der Intendant hatte damals einen Riesenaufstand befürchtet. Aber der Protest hielt sich in Grenzen. Schließlich hatten die Laien bei „The Blues Brothers" genug zu tun. Ein letzter Schuss nach 115 Minuten schloss den Kreis. Alle tot und im Morast versunken, in dem sie zu Beginn noch gestochert hatten. Geschichte wiederholt sich.

„The Blues Brothers"
(2010–13)

2014–2019

Götz von Berlichingen
Hello, I'm Johnny Cash
Die Geiselnahme
Die Päpstin
Der Ghetto Swinger
Die Feuerzangenbowle
Fettes Schwein
Als ich ein kleiner Junge war
Michel aus Lönneberga
Pettersson, Findus und der Hahn
Anatevka
Robin Hood
Der Hundertjährige, der aus dem Fenster stieg und verschwand
Ronja Räubertochter
Der kleine Rabe Socke: Alles meins!
Zorro – Das Musical
Der Name der Rose
Wie im Himmel
Ziemlich beste Freunde
Oliver Twist – Tu doch, was dein Herz dir sagt!
Der kleine Ritter Trenk
Zum Glück gibt's Freunde
Catch Me If You Can
Die Analphabetin, die rechnen konnte
Backbeat – Die Beatles in Hamburg
Goethes sämtliche Werke ... leicht gekürzt
In 80 Tagen um die Welt
Hair
Die drei Musketiere
Baskerville – Sherlock Holmes und der Hund von Baskerville
Der bewegte Mann – Das Musical
Das tapfere Schneiderlein
The Addams Family
Cyrano de Bergerac
Laible und Frisch – Urlaubsreif
Das kleine Gespenst

Axel Schneider
Der vielbeschäftigte Theatermacher aus Hamburg

Auf den unkonventionellen Künstler Heinz Kreidl folgt 2014 mit dem 1966 in Hamburg geborenen Axel Schneider ein völlig anderer Typus Intendant: der umtriebige Theatermacher. Wie Jan Aust das Theater Lüneburg in der Hinterhand hatte, kann auch Axel Schneider auf feste Häuser unter seiner Leitung zurückgreifen. Bei ihm sind es jedoch gleich vier, die allesamt unterschiedlich funktionieren. Der damals 47-Jährige leitet in Hamburg das Altonaer Theater (seit 1995) und das Theater Harburg sowie die Hamburger Kammerspiele (beide seit 2003). Er wurde von einer Findungskommission aus rund 30 Bewerbern ausgewählt. Seit 2005 verantwortete Axel Schneider zudem den Spielplan für das Haus im Park in Bergedorf, das 2023 ins Körber Haus umzog und seitdem Lichtwark Theater heißt. Was interessierte einen vielbeschäftigten Theatermann aus der Metropole Hamburg an einem Posten im Süden Deutschlands? „Erst mal das Flair des Freilichttheaters, das wunderschöne Ambiente in Jagsthausen und der gute Ruf dieser Bühne." Schneider sah in Jagsthausen eine Hamburg-Connection, denn viele Regisseure und Schauspieler, mit denen er schon zusammenarbeitete, hatten Burgfestspiel-Erfahrung wie Ulrich Bähnk, Katrin Gerken oder Peter Bause. Den „Götz von Berlichingen" hat Axel Schneider in Jagsthausen 1999 gesehen, als er in Heppenheim inszenierte. Nach seinem Studium der Philosophie, Geschichte und Germanistik in Hamburg und Berlin war der frühere Zehnkämpfer als Regieassistent u. a. bei Michael Bogdanov und Jérôme Savary an verschiedenen deutschen Staatstheatern tätig. Seit 1990 arbeitet er als Regisseur, seit 1995 als Intendant. Er inszenierte von Kleists „Amphytrion" über Stephen Kings „Zweimal Lebenslänglich" bis zur Uraufführung von Otto Rombachs „Adrian der Tulpendieb" unzählige Stücke sowie eigene Fassungen des Schiller-Klassikers „Wallenstein", von „Die drei Musketiere" und von „Ladykillers". Im Sommer 2009 kam sein Bühnenstück „Robin Hood" bei den Burgfestspielen Dreieichenhain auf die Bühne. Außerdem adaptierte Schneider Leo Tolstois Roman „Anna Karenina" für die Bühne des Altonaer Theaters sowie Walter Kempowskis Familiensaga (vier Stücke aus neun Romanen). Schneider hat eine Vorliebe für besondere Theaterorte: Das Boxerstück „Fast Hands" von Israel Horowitz brachte er mithilfe der Klitschko-Brüder in den Boxring von Universum Box Promotion und in die legendäre Ritze auf dem

Axel Schneider

Hamburger Kiez. Für das Planetarium der Hansestadt entwarf er die Textfassung und das Spielekonzept des interdisziplinären Theatererlebnisses „Hexe Lilli fliegt zum Mond", mit dem DFB kooperierte er 2010 für das Stück „Seitenwechsel" gegen Homophobie. Immer wieder holte er Film und Literatur auf die Bühne, eine Strategie, die beim Publikum stets gut ankommt. Zudem ist Axel Schneider Initiator der Deutschen Privattheatertage, die seit 2012 jährlich die besten deutschen Privattheaterproduktionen mit dem Monica-Bleibtreu-Preis auszeichnen. Seine Häuser und Produktionen wurden mehrfach prämiert, er selbst erhielt den Hamburger Bürgerpreis und wurde 2015 Hamburger des Jahres in der Kategorie Kultur.

Von Schauspielstars bis Kleinkinderstücke

Mit der zusätzlichen Übernahme der Intendanz der Burgfestspiele Jagsthausen erweiterte Axel Schneider 2014 seinen Horizont für das Freilichttheater, 600 Kilometer südlich von Hamburg. „Eine Herausforderung der schönen Art", wie er im Rückblick sagt, „bei der ich mit vielen tollen Schauspielern und Menschen zusammenarbeiten durfte. Ich bin froh über diese Zeit und diese Chance." Chancen ergaben sich auch in Form von Synergieeffekten aus diesem vielteiligen Theaterkonstrukt, die beiden Seiten zugutekam. In der Ära Schneider waren Stars wie Helen Schneider, Alexandra Kamp, Mathieu Carrière, Walter Plathe, Ilja Richter, Gunter Gabriel, Walter Sittler oder Bjarne Mädel und die Handschriften anerkannter Regisseure wie Michael Bogdanov, Jean-Claude Berruti, Peter Dehler, Sewan Latchinian, Hansgünther Heyme sowie Axel Schneider selbst in Jagsthausen zu erleben. Mit fünf neuen Produktionen und drei bis vier hochkarätigen Gastspielen wollte Axel Schneider das Qualitätsniveau steigern. Das ist ihm auch gelungen mit außergewöhnlichen Produktionen wie dem „Ghetto Swinger" über den jüdischen Musiker Coco Schumann. Der Intendant brachte die erste Welt-Uraufführung nach Jagsthausen mit seiner Adaption des Erfolgsromans „Die Analphabetin, die rechnen konnte" von Jonas Jonasson im Fahrwasser des Bühnenerfolgs von „Der Hundertjährige, der aus dem Fenster stieg und verschwand" des schwedischen Bestsellerautors. Und er verwirklichte 2014 die Idee des Kleinkinderstücks im Gewölbe, ein großartiges Theatererlebnis für die Kleinsten, das bis heute umgesetzt wird. Damit trat Axel Schneider in seiner Verantwortung für das Kinderpublikum auch selbst als Regisseur in Aktion mit Stücken wie „Pettersson, Findus und der Hahn", „Der kleine Rabe Socke" oder „Zum Glück gibt's Freunde". Das parallele Kleinkinderstück für Kinder ab drei Jahren zum üblichen Kinderstück auf der „großen Bühne" schaffte ein Angebot für die ganze Familie, gemeinsam die Burgfestspiele zu besuchen und sich vor Ort für die Zeit der Aufführung aufzuteilen, mit der Möglichkeit, sich danach über die jeweilige Vorstellung auszutauschen. Die Burgfestspiele erhofften sich von Axel Schneider mehr Weltläufigkeit, mehr große Namen, mehr Produktionen und durch abgekürzte Produktionswege sowie den Austausch von fertigen Inszenierungen auch einen finanziellen Vorteil in einer Zeit, in der die Freilichttheaterbranche um ihr Publikum kämpfen musste. Ein Mann, der erfolgreich mehrere Privattheater leitet, inszeniert und auch schreibt, hat zwangsläufig auch einen pragmatischen Blick auf die Kostenstrukturen entwickelt, der einem Privattheater wie dem in Jagsthausen gut ansteht. Das Programm war vielfältig und breit aufgestellt. Die Gastspiele sollten die Kasse ein bisschen voller machen, als sie es nur mit den Einspielergebnissen der Eigenproduktionen gewesen wäre.

„Götz"-Regisseur Peter Dehler, Götz-Darsteller Walter Plathe, Marco Albrecht (Weislingen) für die Spielzeit 2015

"Catch Me If You Can"
(2017)
Philipp Moschitz (Frank Abagnale jr.), Ilja Richter (Agent Carl Hanratty)

Erstes Kleinkinderstück und neun Produktionen – die furiose erste Spielzeit 2014

Mit zehn Produktionen gab der neue Hamburger Intendant in seiner ersten Spielzeit gleich eine erstaunliche Visitenkarte ab. Ihm zur Seite gestellt war als Stellvertreterin Eva Hosemann, die bis 2013 das Theater Rampe in Stuttgart geleitet hatte. Sie hatte bereits in Altona inszeniert und wurde an seiner Seite gebraucht, weil der Intendant verabredungsgemäß aufgrund seiner vielen Verpflichtungen und der räumlichen Entfernung nicht durchgehend vor Ort sein konnte. Spielplan und Besetzungen wurden vor der Saison durch den Intendanten entworfen, ebenso Endproben und Premieren, aber für das Tagesgeschäft wurde Eva Hosemann zur Ansprechpartnerin: „Wir kamen gut miteinander klar, er ließ mir freie Hand", blickt Eva Hosemann zurück, die Axel Schneider als Intendantin 2020 beerbte.

Im Sommer 2014 ging es Schlag auf Schlag. „Ich will die gute Tradition wahren, aber auch das Neue wagen und ein noch breiteres Publikum ansprechen", lautete Schneiders Credo. So ein dichtes Programm hatte der beschauliche Festspielort in der Tat noch nie gesehen. Michael Bogdanov inszenierte „Götz von Berlichingen" mit Götz Otto, Eva Hosemann inszenierte „Die Päpstin" und Axel Schneider „Die Feuerzangenbowle". Das Familientheaterstück „Michel aus Lönneberga", inszeniert von Franz-Joseph Dieken, und das Kleinkinderstück „Pettersson, Findus und der Hahn", wieder in der Regie von Axel Schneider als bewährter schwedischer Kinderliteratur-Doppelpack von Astrid Lindgren und Sven Nordqvist,

„Götz von Berlichingen" (2014)
Elena Meißner (Maria), Götz Otto (Götz), Verena Wolfien (Elisabeth)

komplettierten die fünf Eigenproduktionen. Als Ko-Produktionen mit Hamburger Bühnen kamen der von Gil Mehmert inszenierte „Ghetto Swinger" mit der amerikanischen Sängerin Helen Schneider und Volker Kühns „Hello, I'm Johnny Cash" mit Gunter Gabriel und Helen Scheider in den Burghof. Das Programm vervollständigten die Gastspiele mit Neil LaButes Gesellschaftssatire „Fettes Schwein" in der Inszenierung von Kai Wessel mit Bjarne Mädel, Karoline Eichhorn, Stephan Kampwirth und Kathrin Filzen, eine tragikomische Etüde über Körperkondition, Fitnesswahn und Kalorien, sowie „Als ich ein kleiner Junge war" mit Walter Sittler und „Die Geiselnahme" von Hans Scheibner mit Alexandra Kamp.

Die Künstlerische Leitung:
Axel Schneider und
Stellvertreterin Eva Hosemann

Michael Bogdanov inszeniert „Götz von Berlichingen" 2014 mit Götz Otto in der Titelrolle

„Die Päpstin" (2014) Philip Schwarz (Graf Gerold), Anjorka Strechel (Johanna)

„Die Feuerzangenbowle"
(2014)

„Michel aus Lönneberga"
(2014)
Hubertus Brandt (Knecht Alfred), Ann-Kristin Schmidt (Klein Ida), Hannes Träbert (Michel), Elena Meißner (Mutter Alma), Torsten M. Krogh (Bauer Anton)

„Hello, I'm Johnny Cash" (2014)
Helen Schneider (June Carter), Gunter Gabriel (Johnny Cash)

Das erste Kleinkinderstück im Gewölbe: „Pettersson, Findus und der Hahn" (2014)
Thomas B. Franz (Findus), Klaus Falkhausen (Pettersson), Philip Schwarz (Hahn)

„Fettes Schwein" (2014)
Bjarne Mädel (Tom),
Katrin Filzen (Helen)

„Fettes Schwein" (2014)
Bjarne Mädel (Tom),
Stephan Kampwirth
(Carter), Karoline Eichhorn
(Jeannie)

„Als ich ein kleiner Junge war"
(2014)
Walter Sittler

„Die Geiselnahme"
(2014)
Tim Grobe (Zuhälter vom Kiez), Dietmar Horcicka (Banker Mönchmeier), Alexandra Kamp (Prostituierte Alicia)

„Der Ghetto Swinger" von Kai Ivo Baulitz war das größte Wagnis dieser ersten Spielzeit von Axel Schneider. Coco Schumann ist Jude, minderjährig und spielt Swing: Damit macht sich der junge Berliner Heinz Jakob „Coco" Schumann, Jahrgang 1924, bei den herrschenden Nationalsozialisten gleich drei Mal verdächtig. Swing gilt als „Negermusik" und „unarisch". Die Musik bringt den jungen Coco ins Ghetto Theresienstadt und nach Auschwitz, sie lässt ihn aber auch die Hölle des KZ überleben. „Der Ghetto Swinger" nach Schumanns Autobiografie (1997) ist eine musikalisch unterlegte Dokumentation. Hauptfigur ist die Erzählerin Helen Schneider, die sehr pointiert das Geschehen kommentiert. Als Chanteuse legt sie in verschiedenen Rollen alle Emotionen in ihre mal rauchige, mal zarte, mal schrille Stimme. Schwarz gekleidet und weiß geschminkt interpretiert sie das politisch-satirische Couplet „An allem sind die Juden schuld" von Friedrich Hollaender mit viel Bitterkeit als Ankündigung einer Katastrophe. Ein angenehm zurückhaltend agierender Konstantin Moreth, der auch Gitarre und Schlagzeug spielt, macht sich als Coco Schumann die Erkenntnis „Die Öffentlichkeit ist das beste Versteck" als lebensrettendes Motto zu eigen. Startet der Abend schmissig mit dem Liebeslied aus Bizets „Carmen", schnürt es einem später die Kehle zu, wenn die Band „La Paloma" spielen muss, während Kinder und Frauen vergast werden. Die Schlussszene macht die Kraft der Musik, die KZ-Höllen überdauert, auf ergreifende Weise deutlich.

„Der Ghetto Swinger"
mit der amerikanischen
Sängerin Helen Schneider
(Chérie)

Liebeserklärung an das Festspieldorf

Die Kritik war angetan ob dieses ernsten, verstörenden Stückes und lobte auch den „Götz von Berlichingen". Regisseur Michael Bogdanov (1938–2017) schildert im Programmheft sehr rührende Erinnerungen an seine Schulzeit, als er und seine Klassenkameraden sich selbst eine eiserne Hand bastelten. Die britischen Schüler mochten den „actionreichen Götz mit der eisernen Hand und all dem Blut und Getümmel sowie seine Ähnlichkeiten zu Robin Hood". In der Erinnerung an einen Schulausflug nach Heidelberg mit Bildern von bewaldeten Hügeln, sonnenbeschienenen Weinbergen und sich durchs Tal schlängelnden Flüssen fiel es dem Waliser Michael Bogdanov nicht schwer zuzusagen, als Axel Schneider den ehemaligen Intendanten des Deutschen Schauspielhauses und langjährigen Weggefährten fragte, ob er den „Götz" in Jagsthausen inszenieren wolle. Und Bogdanov hob zu einer flammenden Liebeserklärung an das Festspieldorf an, wie sie noch kein anderer Regisseur formuliert hat: „Das Hier und Heute übertrifft sogar meine Erinnerungen. Die Mauern der Götzenburg sprühen vor Kultur

„Götz von Berlichingen"
(2014)
Andreas Brucker (Weislingen),
Götz Otto (Götz)

und Geschichte, die Freundlichkeit der Jagsthäuser ist kaum zu übertreffen, die Landschaften – alles zusammengenommen weckt Urlaubsgefühle, obwohl ich bei der Arbeit bin. Ich bin den Burgfestspielen tief dankbar, den Mitarbeitern sowie den talentierten und geduldigen Schauspielern, dass ich meine Schülererinnerungen verwirklichen darf."

Und das scheint Bogdanov geschafft zu haben: „Es ist der 65. Götz, und selten dürfte das Traditionsstück über den rechtschaffenen Haudegen mit der eisernen Faust, dem Freiheit das höchste Gut ist und der sich nicht den Fürsten beugt, so amüsant verdichtet worden sein. Mit Humor und ironischer Distanz zum bedeutungsschweren Stoff erzählt das muntere Ensemble zweieinviertel Stunden vom Untergang einer Epoche, von Intrigen und Macht, Scharmützeln, Liebe und Verrat, von Schlachten, Freundschaft und Tod – als handele es sich bei Goethes Drama um einen fantastischen Abenteuerroman", hieß es in einer Rezension.

„Götz von Berlichingen" (2014)
Alexandra Kamp (Adelheid),
Hubertus Brandt (Liebetraut),
Klaus Falkhausen (Bischof von Bamberg)

„Götz von Berlichingen"
(2014)
Femegericht

Auch die Show „Hello, I'm Johnny Cash" mit Helen Schneider und Gunter Gabriel kam bei der Kritik und beim Publikum sehr gut an: „Zweieinhalb Stunden lang folgte ein Cash-Hit auf den anderen. ... Gabriel ist Musiker, kein Schauspieler, und so macht er, was er am besten kann: Er gibt ein Konzert, bei dem er nebenbei im Plauderton ein bisschen aus dem Leben seines Idols erzählt. ... Anfangs hält das Publikum sich noch merklich zurück, doch mit der Zeit, mit Songs wie ‚Folsom Prison Blues' oder ‚Get Rhythm', beginnt das Mitwippen, dann das Mitsummen und schließlich das begeisterte Mitklatschen. Und dann betritt Helen Schneider als Cashs Ehefrau June Carter die Bühne, und die Show bekommt Glanz. Ihre Präsenz, vor allem diese Stimme, das ist ganz große Show, eine exzellente Ergänzung zu Gabriels Schnoddrigkeit. ... Helen Schneider, dieser Rock'n'Roll Gypsy, macht aus der Stehparty eine knisternde Show, in der auch Gabriel plötzlich deutlich agiler wird. ... Der Hit ‚Ring of Fire', geschrieben von June Carter, wird auch in Jagsthausen zum Kracher mit einem fabelhaft aufeinander eingespielten Duo Schneider/Gabriel, angetrieben von famosen Musikern. Die vier Jungs von der Band sind derart cool, die pinkeln Eiswürfel", schrieb ein begeisterter Rezensent. Über 55 000 Besucher bei 91 Aufführungen und damit mehr, als im Vorfeld für eine positive wirtschaftliche Kalkulation geplant waren: Die Bilanz der ersten Spielzeit unter Axel Schneider konnte sich sehen lassen. Bemerkenswert aus Sicht der Festspielleitung, so Geschäftsführer Roland Halter, war, wie das anspruchsvolle organisatorische und künstlerische Programm erfolgreich bewältigt und von den Zuschauern angenommen wurde. Auch Axel Schneider zog für seine erste Spielzeit an der Jagst eine positive Bilanz: „Ich bin froh und glücklich über den Verlauf der Saison. Wir haben viel riskiert und die Rechnung ist aufgegangen. Zehn verschiedene Titel und 30 Aufführungen mehr als in der Vorsaison haben ein breites Angebot für das Publikum geschaffen, stellten aber auch eine große Herausforderung für alle Mitarbeiter, im Besonderen das technische Team, dar."

„Hello, I'm Johnny Cash"
(2014)
Helen Schneider (June Carter), Gunter Gabriel (Johnny Cash)

Viel los und Hamburger Inszenierungen im Burghof

Jonas Jonassons Schelmenroman „Der Hundertjährige, der aus dem Fenster stieg und verschwand", in der Textfassung von Axel Schneider und Sonja Valentin, wurde in Eva Hosemanns Inszenierung 2015 in Jagsthausen ebenso zum Erfolg wie Schneiders Bühnenfassung zu „Robin Hood" in der Regie von Malcolm Ranson. Jonassons Roman war 2011 sensationell erfolgreich und führte wochenlang die deutschen Bestsellerlisten an. Der Import der am Altonaer Theater uraufgeführten Romanadaption in den Burghof nach Jagsthausen schaffte es, 412 Romanseiten mit unglaublich viel Personal, zahllosen Zeitsprüngen und Schauplätzen auf eine Freilichtbühne zu bringen und zwar so, dass der Abend kurzweilig wurde und der Geist der Vorlage dennoch erhalten blieb.

Die Inszenierung traf den Ton des Romans und seine überbordende Fantasie ziemlich genau. Der 100-jährige Allan Karlsson ist für Eva Hosemann eine Mischung aus Forrest Gump, Schwejk, Don Quijote und Baron Münchhausen und verkörpert am Ende das Scheitern aller Ideologien: „Allans Vision, frei von gesellschaftlichen Zwängen, moralischen Anforderungen und Benimmregeln eines gesellschaftlichen Kontextes zu leben … erfordert auch eine Form von Bescheidenheit, Anspruchslosigkeit und Flexibilität ohne Absicherung und vor allem geistige Freiheit."

Auch mit dem bei den Burgfestspielen Dreieichenhain uraufgeführten „Robin Hood" landete Axel Schneider in Jagsthausen einen Erfolg. „Jede Menge Schwertgeklirr und Menschengebrüll, -gestöhne und -gepruste. Viel Pfeilgeschwirr und Bogengeflitze sowie unzählige Tritte in die Weichteile. Dazwischen Anspielungen auf den ‚Götz von Berlichingen', ‚Wilhelm Tell' oder die damalige Griechenland-Krise: Malcolm Ransons actionreiche Inszenierung von ‚Robin Hood', dem Schauspiel von Howard Pyle nach der englischen Legende vom Rächer der Enterbten, entpuppte sich im Burghof als augenzwinkernde Persiflage – nicht nur auf testosterongesteuertes Männergebaren, sondern auch auf die einschlägigen Mantel- und Degen-Schinken des Kinos", lobte ein Kritiker. Die augenzwinkernde Bühnenkeilerei mit vielen Gags und Überzeichnungen verschüttete jedoch die ernste Seite der Robin-Hood-Legende nicht: Es geht um Arm und Reich, um Unterdrückung und Verschuldung, um Demütigung, Gewalt und Verrat. Die Auslastung betrug 2015 für den Burghof 75 Prozent. D. h., dass die 885 Personen fassende Tribüne im Durchschnitt mit 663 Gästen besetzt war – ein gutes Ergebnis.

„Der Hundertjährige, der aus dem Fenster stieg und verschwand" (2014/15) Franz-Joseph Dieken (Allan Emmanuel Karlsson)

„Robin Hood" (2015)
David Nádvornik
(Robin Hood)

„Götz von Berlichingen"
(2015)
Jasmin Wagner (Adelheid),
Marco Albrecht
(Weislingen)

Eine noch nie zuvor da gewesene Programmbreite an Musicals, Kinder- und Familientheater sowie Schauspielen folgte auch in der Spielzeit 2016. Neben dem Traditionsstück „Götz von Berlichingen" und den Wiederaufnahmen der Erfolgsstücke „Der Hundertjährige, der aus dem Fenster stieg und verschwand" sowie „Die Feuerzangenbowle" gab es sieben weitere Inszenierungen, darunter die Theaterbearbeitungen der beiden Kino-Blockbuster „Ziemlich beste Freunde" mit Hardy Krüger jr. und Patrick Abozen sowie der Krimi „Der Name der Rose" und „Zorro – Das Musical". Außerdem standen das Schauspiel mit Musik „Wie im Himmel" sowie das Familienstück „Oliver Twist – Tu doch, was dein Herz dir sagt!" auf dem Spielplan der 67. Spielzeit. Für Kinder ab fünf Jahren wurde im Burghof „Der kleine Ritter Trenk" gespielt und für die Kleinen ab drei Jahren „Zum Glück gibt's Freunde".

„Götz von Berlichingen"
(2016)
Johan Richter (Georg),
Stephan Koch (Selbitz),
Christopher Krieg (Götz)

„Der Name der Rose" (2016)
Angelina Kamp (Mädchen), Dirk Hoener (Salvatore)

„Wie im Himmel" (2016)
Georg Münzel (Daniel Daréus, Mitte)

„Ziemlich beste Freunde" (2016)
Patrick Abozen (Driss), Andrea Lüdke (Magalie), Hardy Krüger jr. (Philippe)

„Oliver Twist – Tu doch,
was dein Herz dir sagt!"
(2016)
Familienstück

„Der kleine Ritter Trenk"
(2016)
Johan Richter (Trenk),
Alexandra Kurzeja (Thekla)

„Zorro – Das Musical"
(2016)
Petter Bjällö (Ramon),
Sonja Dengler (Luisa)

Bühnenbild-Highlight 2016: ein riesiges, drehbares, beleuchtetes Z für „Zorro – Das Musical" (Regie: Wolfgang Hofmann, Bühnenbild Lars Peter/ Sonja Zander)

Erste kritische Stimmen wurden laut. Überfordert das Programm mit diesem Mammutangebot die Burgfestspiele, das Ensemble, aber auch Technik und Bühnenbau? So ambitioniert und ausgereift die Inszenierungen auch gewesen sein mögen, diese Strategie der Mehrfachverwertung stieß in Jagsthausen als Gastspielort mit der Zeit an ihre Grenzen.

Mehr Programme sorgten für eine Art Kannibalisierung des Angebots. Für das 18-köpfige Ensemble, die Band und die sehr engagierten Laien war das dichte Programm gerade vor den Premieren eine große Herausforderung. „Klar, man war zum Arbeiten hier. Und die Vorbereitungen auf die Premieren sind überall gleich anstrengend. Man ist getrieben, gehetzt, euphorisch, verletzbar, verunsichert, nervös, aber am Ende waren alle Premieren ein Erfolg und man konnte den Sommer und das Spielen genießen", sagt Ensemblemitglied Frank Roder.

Wetter, Fußball-EM, Landesgartenschau Öhringen

Den Spielplan bunter zu gestalten, nicht nur Eigenproduktionen zu zeigen und auf Synergieeffekte zu setzen, findet Frank Roder, der 2017 erstmals in Jagsthausen engagiert war, nicht verwerflich: „Theater braucht das Experiment und die Debatte. Wer soll es denn sonst machen?" Axel Schneider steht zu seinem Konzept mit dem Hinweis, dass es unter seiner Intendanz ebenso viele Eigenproduktionen gegeben habe wie früher. Dazu kamen die Gastspiele: „Ein Bjarne Mädel bleibt nicht vier Monate in Jagsthausen." Seine Konzeption sah vor, Stars wie Mädel für ein paar Auftritte ins Jagsttal zu holen. Mit 48 000 Besuchern erreichten die Burgfestspiele Jagsthausen die hohen, selbst gesteckten Erwartungen 2016 knapp. „Drei Jahre braucht man, um eine Spielplan-Handschrift beim Publikum nachhaltig sichtbar zu machen, so sagt man. Ich bin daher überaus glücklich, dass alle zehn gezeigten Produktionen so ausgezeichnet bei Publikum und Presse ankamen. Viele Abende, selbst die bei Regen, wurden mit Standing Ovations bedacht", freute sich Schneider. „Nach drei Jahren erlaube ich mir zu sagen, die vielen Vorzüge der Burg einschätzen und bedienen zu können und mit den Unwägbarkeiten des Open Air umgehen gelernt zu haben." Kalkulationsziel erreicht heißt im Klartext: keine Gewinne für Rücklagen. Dabei haben die Burgfestspiele eine künstlerisch zumeist beeindruckende Saison hingelegt. Zu schaffen machten ihnen mehrere Faktoren: Da ist zunächst einmal das Wetter, das in diesem Jahr den Veranstaltern öfter mal in die Suppe gespuckt hat. Und Konkurrenz, ob die nun Fußball-EM oder Landesgartenschau Öhringen heißt, machte den Festspielen das Leben schwer. 7 000 Laga-Besucher bei der Band Karat? Die fielen an dem Abend für Jagsthausen weg und haben ihr Geld ausgegeben. Und die, die einen Besuch bei den Freilichtspielen planen, tun das immer kurzfristiger. Mit diesen Risiken müssen die Burgfestspiele wohl oder übel weiterhin leben. Auch dass sich die Qualität eines Musicals wie „Zorro" erst herumsprechen musste. Die, die da waren, haben es nicht bereut.

„Zorro – Das Musical"
(2016)
Philipp Moschitz (Zorro)

Blick von außen auf den „Götz" – Regisseure aus Großbritannien, Frankreich und Regiestars wie Hansgünther Heyme

Was war stets die größte Herausforderung für den Theatermacher aus Hamburg in Jagsthausen? „Immer wieder der ‚Götz von Berlichingen'", sagte Axel Schneider in einem Interview. Davor hatte er regelrecht „Muffen". Doch es ist ihm immer wieder gelungen, mit den Regisseuren Michael Bogdanov, Jean Claude Berutti, Peter Dehler, Hansgünther Heyme und Sewan Latchinian internationale und höchst unterschiedliche Handschriften zu verpflichten. „Der Blick von außen, aus anderen Ländern und Kontexten, war ihm wichtig", sagt Eva Hosemann. Selbst inszenierte Axel Schneider den „Götz" nie, gerade weil er das Stück bereits in so vielen Varianten gesehen hatte. Nach dem Dänen Jan Maagaard 2012 und dem Waliser Michael Bogdanov 2014, der in Jagsthausen einen Teil seiner Jugendträume erfüllen durfte, kam mit Jean-Claude Berutti 2016 eine französische Sichtweise auf das Traditionsstück zum Zug.

Christopher Krieg, Beruttis Götz, kann sich noch gut an die Proben erinnern: „Er sprach gut deutsch. Und das Schönste war, wenn er sich selbst beschimpfte." Bei der Endprobe zu Götzens Verhörszene in Heilbronn fuhr Berutti verzweifelt dazwischen: „Das ist alles scheiße, isch bin eine so schleschte Regisseur." Nach einer kurzen Pause stellte der 1952 im südfranzösischen Toulon geborene Berutti innerhalb von 30 Minuten die Szene komplett um und strahlte: „Wunderbar. So bleibt es. Isch bin doch keine schlesschte Regisseur." Christopher Krieg hat den Franzosen als subtilen Anleiter erlebt: „Er griff immer an, damit ich um meine Rolle kämpfen musste. Irgendwann wusste ich, was ich wollte, und er lenkte mich dahin, wo er mich haben wollte."

Die Kritik war überzeugt von der klug reduzierten, kurzweiligen Inszenierung, bei der, ohne zu überzeichnen und bei allem Respekt doch eine gewisse ironische Distanz mitschwang: „Es geht doch: Das Traditionsstück der Burgfestspiele, das sperrige Sturm-und-Drang-Stück des jungen Goethe, unter zwei Stunden auf die Bühne zu bringen. Als Abenteuer für ein Publikum von heute wollte Jean-Claude Berutti, dem das historische Ambiente im Burghof Kulisse genug ist, ‚Götz von Berlichingen' inszenieren mit einem Götz als hitzigem Freigeist mit Haltung – es ist ihm gelungen. ... Ohne den ‚Götz' vor tagespolitischer Debattenkulisse zu verhandeln, hat Beruttis Zugriff gesellschaftliche Relevanz. ... Christopher Krieg in der Titelrolle ist der zupackende Held, der scheitern muss: an den politischen Umständen, an seinem naiven Glauben, dass er auf der richtigen Seite steht, loyal zu seinem Kaiser. Ein Sympathieträger, der die Freiheit als höchstes Gut noch im Tod auf den Lippen trägt und als Maxime gegen den prasselnden Regen in die Premierennacht ruft."

Mit der Zündapp zum „Götz" nach Jagsthausen

Regiestar Hansgünther Heyme, Regisseur und Ausstatter des „Götz von Berlichingen" der Spielzeit 2018, prägte nicht nur als Claus Peymanns Nachfolger in den achtziger Jahren das Schauspiel Stuttgart, sondern über Jahrzehnte das deutschsprachige Theater. 1935 in Bad Mergentheim geboren, wurde er Mitte der fünfziger Jahre Assistent von Erwin Piscator. Nach Stationen in Mannheim, Heidelberg, Wiesbaden und Köln bekam er 1979 den Intendantenposten am Stuttgarter Staatstheater und ging 1985 ans Grillo-Theater Essen. Heyme war von 1990 bis 2003 künstlerischer Leiter der Ruhrfestspiele in Recklinghausen, wechselte anschließend nur für ein Jahr als Intendant nach Bremen und leitete von 2004 bis 2014 das Theater im Pfalzbau Ludwigshafen. Dieser Vertreter des politischen Regietheaters, der Bühnenrevoluzzer und Klassikkiller, wie man ihn genannt hat, und Goethes Jugendwerk, kann das gut gehen? Es ging gut.

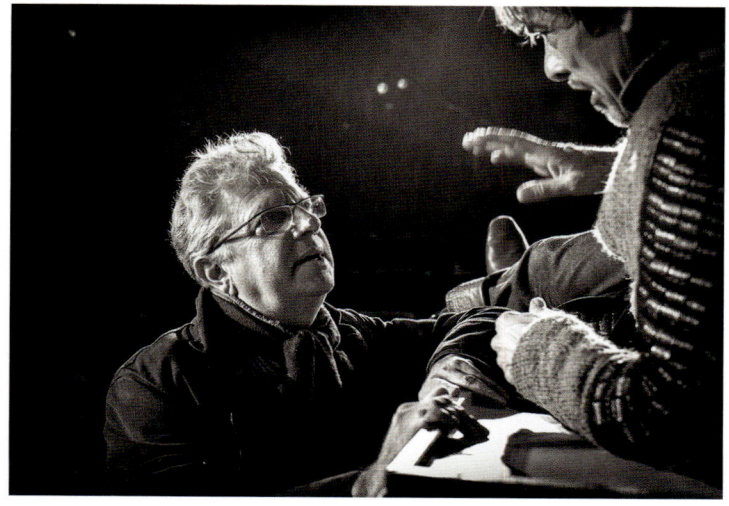

Jean-Claude Berutti inszeniert den „Götz" (2016)

„Götz von Berlichingen" (2016)
Andrea Lüdke (Adelheid)

„Götz von Berlichingen" (2016)
Christopher Krieg (Götz),
Charles Morillon (Offizier)

Seinen Bezug zum „Götz von Berlichingen" legte er in einem Interview offen: „Ich bin von Heidelberg mit meiner Zündapp Bella und einer Freundin nach Jagsthausen gefahren und habe 1958 den ‚Götz' mit Walter Richter gesehen." Und seine Intendanz bei den Ruhrfestspielen in Recklinghausen hat Heyme 1990 mit dem „Urgötz" eröffnet. Die Regiearbeit in Jagsthausen war ihm eine „Ehre" und das „Götz"-Menetekel aktueller denn je angesichts von Politikern wie Trump, Erdogan, Kim Jong-un oder Assad. Theater ist für Heyme, den studierten Germanisten, Architekten und Schauspieler, ein demokratischer Prozess. Und der „Götz" ein Klassiker, der geradezu neue Bezüge fordert, weil er in seiner Entstehungszeit „gesellschaftspolitisch potent und wahrhaftig Stellung bezogen" hat. In einer Zeit, die jede Aufbruchsutopie verloren hat, wollte der Regisseur ein „wahres Sturm-und-Drang-Stück" auf die Bühne bringen. „Heymes Inszenierung ist klug reduziert, voll anspielungsreicher Zwischentöne, ohne Mummenschanz und Säbelrasseln und mit einem souveränen Tim Grobe in der Titelrolle", urteilte die Kritik. „Götz stellt die individuelle Freiheit über ständische Zwänge. Er fordert sie nicht, er nimmt sich die Freiheit – und scheitert. Seine pathetische Zukunftsprognose kurz vor dem Tod ist düster: ‚Es kommen die Zeiten des Betrugs. Die Schwachen werden regieren, mit List, und der Tapfre wird in die Netze fallen, womit die Feigheit

Hansgünther Heyme inszeniert „Götz von Berlichingen" (2018) Reichsoffizier (Frank Watzke), Tim Grobe (Götz)

die Pfade verwebt.' Von Feigheit, Opportunismus, Willkür und Lobbyismus einer satten Machtelite erzählt dieses Sturm-und-Drang-Drama. … Vieles kommt uns bekannt vor, folgen Politik und Wirtschaft, Abhängigkeiten und Konsum doch seit jeher den gleichen Mechanismen." In Jagsthausen killte Heyme den Klassiker nicht, sondern „strich in den Text durch Kürzung hinein".

Und wie empfand eine junge, damals 32-jährige Schauspielerin wie Valerija Laubach, die sich 2016 im Burghof als Inez im Musical „Zorro" mit einer frischen, unverbrauchten Performance in die Herzen des Publikums und der Kritiker sang, tanzte und spielte, die Arbeit mit einem renommierten Regisseur wie dem damals 83-jährigen Hansgünther Heyme? Ihre Rolle der Adelheid, die sie in diesem Sommer neben der Lady de Winter in „Die drei Musketiere" und der Dionne in „Hair" spielte, fasste sie in einem Interview so zusammen: „Frech, tough, intrigant, kurz angebunden, gestrichen auf eine Nebenrolle: Das passt bei dieser Inszenierung, bei der es fast ausschließlich um den Götz geht." Mit wahnsinnig viel Respekt vor Heymes Lebensleistung war sie im Frühjahr 2018 in die Proben zum „Götz" eingestiegen. „Ich habe der Regie ein Urvertrauen entgegengebracht und nichts hinterfragt", erzählt sie im Rückblick. „Heute wäre ich der Rolle gewachsener."

„Götz von Berlichingen" (2018)
Franz-Joseph Dieken (Weislingen), Valerija Laubach (Adelheid)

Erste Uraufführung in Jagsthausen – „Die Analphabetin, die rechnen konnte" und die Schwierigkeit, Erfolgsromane für die Bühne zu adaptieren

Die Spielzeit 2017 brachte beim Traditionsstück nicht nur ein Wiedersehen mit dem beliebten Duo Walter Plathe (Götz) und Peter Dehler (Regie), sondern auch die erste Uraufführung, die der Burghof je erlebt hat: „Die Analphabetin, die rechnen konnte". Der Schwede Jonasson ist ein Erzähler mit überbordender Fantasie. Er lässt sich selbst von seinen Geschichten mitreißen, hat Spaß an bizarren Ideen und dem Ausbaldowern immer verrückterer Handlungsstränge ohne Rücksicht auf Wahrscheinlichkeit. Nach der Dramatisierung seines überaus erfolgreichen Debütromans „Der Hundertjährige, der aus dem Fenster stieg und verschwand" wagten sich die Burgfestspiele nun an seinen zweiten Roman. Axel Schneider, Intendant, Autor der Bühnenfassung und Regisseur in einer Person, filterte in seiner zweistündigen Inszenierung den Ton des Romans ziemlich treffend heraus. Die hanebüchene Geschichte um die junge Südafrikanerin, die zwar nicht lesen, aber hervorragend rechnen kann, nach vielen Verwicklungen versehentlich mit einer Atombombe im Gepäck in Schweden landet, dort ihre große Liebe findet und die Weltpolitik aufmischt, ist nicht nur, was den Titel betrifft, nach einem vergleichbaren Strickmuster komponiert wie „Der Hundertjährige, der aus dem Fenster stieg und verschwand". Jonas Jonassons Methode, globale Krisen und Konflikte ins Absurde zu drehen und mit viel Humor zu verniedlichen und Bombenstimmung im wahrsten Sinn des Wortes zu verbreiten, wurde in dieser Inszenierung allerdings weitaus weniger nachgefragt als erhofft. Im Fall der „Analphabetin" lag es jedoch auch an der viel schwächeren Qualität der Romanvorlage im Vergleich zum „Hundertjährigen".

Uraufführung in der Götzenburg: „Die Analphabetin, die rechnen konnte" (2017) Frank Roder (Agent A), Dirk Hoener (Holger 1)

Wiedersehen mit Walter Plathe: „Götz von Berlichingen" (2017) Lillemor Spitzer (Maria), Walter Plathe (Götz), Hans-Jörg Frey (Weislingen)

Axel Schneiders Inszenierung „Die Analphabetin, die rechnen konnte (2017) v. l.: Georg Münzel (Holger 2), Lennora Esi (Nombeko), Frank Roder (Ministerpräsident), Eva Hosemann (Großmutter), Dirk Hoener (Holger 1), Ann-Christin Ahle (Celestine)

Welturaufführung im Burghof: „Die Analphabetin, die rechnen konnte" Lennora Esi (Nombeko)

Hochstapler haben Hochkonjunktur

Renner der Spielzeit war „Catch Me If You Can". Rund 11 000 Besucher begeisterten sich für das Musical mit Philipp Moschitz, Ilja Richter und Walter Plathe. Betrüger und Hochstapler haben Hochkonjunktur. Sie können nichts, spielen ihr Spiel und geben die Regeln vor. Sie kreieren ihre eigene Wirklichkeit und kommen damit unfassbar weit. Regisseur Georg Münzel hatte bei seiner Inszenierung des Musicals immer auch den 45. Präsidenten der Vereinigten Staaten von Amerika im Hinterkopf. Aber das trug er nicht wie eine Monstranz vor sich her, sondern ließ solche Assoziationen bei seiner Geschichte um den jungen Hochstapler Frank Abagnale jr. ganz nebenbei in den Köpfen des Publikums entstehen. „Catch Me If You Can" (Buch: Terrence McNally, Musik: Marc Shaiman) ging als sehr gelungene Adaption der filmischen Gaunerkomödie von Steven Spielberg aus dem Jahr 2002 in die Annalen der Burgfestspiele ein. Eine Inszenierung mit Selbstironie, Witz und großen Gefühlen. Philipp Moschitz spielte das Betrüger-Wunderkind, das

„Catch Me If You Can"
(2017)

„Catch Me If You Can"
(2017)
Philipp Moschitz
(Frank Abagnale jr.)

„Catch Me If You Can"
(2017)
Marwin Funck (Agent Dollar), Ilja Richter (Agent Carl Hanratty), Philip Spreen (Agent Branton)

In einer Inszenierung von Franz-Joseph Dieken: „Hair" (2018)
Felix Frenken (Hud)

„Götz von Berlichingen" (2019)
Christopher Krieg (Weislingen), Pierre Sanoussi-Bliss (Götz)

sich wahlweise als Pilot, Arzt oder Anwalt ausgibt und durch gefälschte Schecks ein Millionenvermögen anhäuft, als smarten Sympathieträger, der alle mit jungenhaftem Charme und unvergleichlicher Unverfrorenheit um den Finger wickelt. „Immer mit Stil" lautet sein Motto, Hauptsache Nadelstreifen. 2018 und 2019 lief im Burghof zudem Franz-Joseph Diekens „Hair"-Inszenierung, das erfolgreichste Musical der Ära Schneider. Mit dieser Produktion und mit dem Kinderstück „Das kleine Gespenst" gastierten die Burgfestspiele auch auf der Bundesgartenschau 2019 in Heilbronn.

In Axel Schneiders letzter Spielzeit 2019 – den „Standortnachteil" Jagsthausen hatte er längst erkannt – realisierte Sewan Latchinian den „Götz von Berlichingen". Die Hauptrolle übernahm Pierre Sanoussi-Bliss, den Weislingen verkörperte Christopher Krieg. Beim „Götz" konstatierte die Kritik „viel Augenzwinkern und Musik. Dabei gerät die Gratwanderung zwischen ironischer Distanz und Überzeichnung zum Problem einer Regie, die mit pfiffigen Einfällen punktet. ... Zweieinhalb Stunden dauert Latchinians ,Götz', der schwer in die Gänge kommt, dann famos aufdreht, um erstaunlich fromm zu enden – obwohl der Regie erfrischend wenig heilig ist. Als musikalischste Inszenierung in 70 Jahren bleibt der Abend in Erinnerung. ... Pierre Sanoussi-Bliss verkörpert den Götz als Lebemann mit analytischem Blick, dem emotional immer wieder der Gaul durchgeht. In Dreadlocks – enden wird er mit kahlem Schädel statt mit Filzlocken – und in lässigen Camouflage-Hosen tänzelt Sanoussi-Bliss souverän durch die Inszenierung. Goethes Worten verleiht er Gewicht mit ironischem Unterton und empfiehlt sich als präziser Bühnenschauspieler und Komödiant."

Morbiden Humor bot Schneiders Abschiedsmusical „The Addams Family" in der Regie von Franz-Joseph Dieken in der perfekten Kulisse der Götzenburg. „Normal" ist bei der Familie Addams das schlimmste Schimpfwort. Der bizarre Clan mag Tod, Unglück und Exzentrik. Mutter Morticia schneidet Blumen erst die Köpfe ab, bevor sie sie ins Wasser stellt. Ihr Sohn Pugsley steht darauf, von seiner Schwester Wednesday gefoltert zu werden. Die Oma ist eine Art Hippie-Hexe, Onkel Fester hat sich in den Mond verliebt und Familienvater Gomez markiert den heißblütigen Latino. Butler Lurch stapft als liebenswerter Zombie durch die Szenerie. Wenn derlei „Verrückte" auf Normalos treffen, ist Zoff vorprogrammiert. Das Personal, basierend auf den Cartoons von Charles Addams aus den dreißiger Jahren, den TV-Serien der Sechziger und den Kinofilmen der Neunziger, ist Kult.

„Hair" (2018)
Luisa Meloni (Jeanie)

„The Addams Family" (2019)
Olaf Meyer (Gomez Addams), Valerija Laubach (Morticia Addams), Nuria Mundry (Wednesday Addams), Carolina Walker (Großmutter)

Fingerschnippende Grufti-Familie und dichtender Degenheld

Die Musik ist vielfältig, pendelt zwischen Rock, Tango, düsteren Keyboardsoli und großen Shownummern. Aber trotz oder gerade wegen der Vielfalt bleibt wenig Musik im Ohr. „The Addams Family", 2009 uraufgeführt, ist nicht die beste Arbeit von Komponist Lippa. Was die Inszenierung in Jagsthausen dennoch sehenswert machte, war ihre Optik und das leidenschaftliche Ensemble, dem hübsche Figurenporträts gelangen. Kostüme (Volker Deutschmann) und Maske hatten hohen Schauwert. So sah Nuria Mundry als Wednesday Addams aus wie ein Mix aus einer sinistren Pippi Langstrumpf und Tokio-Hotel-Sänger Bill Kaulitz im Outfit der nuller Jahre. Valerija Laubach war eine wunderbare Gothic-Mama, die ihre fingerschnippende Grufti-Familie mit unterkühlter Dominanz führte. Die Inszenierung reihte Witz, Wortspiele und Zoten aneinander, mal lustig, mal überdreht, mal infantil. Regisseur Franz-Joseph Dieken war gleichzeitig auch Hauptdarsteller in Axel Schneiders Abschiedsinszenierung, dem Mantel-und-Degen-Klassiker „Cyrano de Bergerac". Er erinnert sich so: „Bemerkenswert in meiner Zeit in Jagsthausen war die kreative Stimmung, die Axel Schneider dort geschaffen hat. Ich hatte immer das Gefühl, sowohl als Regisseur als auch als Schauspieler, dass alles möglich war."

Und während bei der „Addams Family" das eiskalte Händchen über die Bühne rollte, machte sich ein Virus namens Corona auf, die Welt zu erobern …

„The Addams Family" (2019)
Oliver Frischknecht (Onkel Fester) mit dem Jagsthäuser Festspielchor

Seit 2020

Götz von Berlichingen
Monty Python's Spamalot
Ladies Night
Baskerville – Sherlock Holmes und der Hund von Baskerville
Der kleine Vampir
Die dumme Augustine
Saturday Night Fever
Rio Reiser. König von Deutschland
Des Kaisers neue Kleider
Der Sonnenkönig
La Cage aux Folles – Ein Käfig voller Narren
Brassed Off – Mit Pauken und Trompeten
Pinocchio
Vom kleinen Maulwurf, der wissen wollte, wer ihm auf den Kopf gemacht hat
Gretchen 89ff.
Indien
Das ABBA Konzert – Dancing Queen
Jesus Christ Superstar
Kunst
Die drei ??? Kids – Der singende Geist

Eva Hosemann
Das leidenschaftliche Theatertier

Nur ein einziges Mal in ihrem Leben hat Eva Hosemann eine angebotene Regiearbeit abgelehnt. Das war 2009 – und das Stück hieß „Götz von Berlichingen". Sie las Goethes Frühwerk durch und dachte: Damit kann ich nichts anfangen. Sie gab der Anfrage des Theaters Phönix in Linz einen Korb und inszenierte stattdessen Friedrich Dürrenmatts „Die Physiker". Ironie des Schicksals: Seit der Spielzeit 2020 ist sie künstlerische Leiterin der Burgfestspiele Jagsthausen, die seit nunmehr 75 Jahren jedes Jahr den „Götz von Berlichingen" aufführen. Irgendwann wird sie das Traditionsstück am historischen Ort auch selbst inszenieren.

Die gebürtige Augsburgerin, Jahrgang 1962, ist gelernte Schauspielerin. 1986 schloss sie ihre Ausbildung am Max Reinhardt Seminar in Wien mit Auszeichnung ab. Sie spielte an zig Theatern, so an der Landesbühne Hannover, am Wiener Burgtheater und am Theater Rampe in Stuttgart, das sie von 1998 bis 2013 als Intendantin (bis 2004 gemeinsam mit Stephan Bruckmeier) leitete. Sie hat die Rampe als Autorentheater auf Gegenwartsdramatik fokussiert und so wichtige Impulse für die Zusammenarbeit von Autoren und Theaterpraxis gegeben. Seit 1991 inszeniert die leidenschaftliche Leserin an verschiedenen Bühnen Stücke von Schiller bis Genet, von Fassbinder bis Dea Loher, von Sibylle Berg über Lutz Hübner und Eugen Ruge bis zu Jenny Erpenbeck. Eva Hosemann arbeitete als Schauspieldozentin in Köln und Stuttgart und seit 1990 als Hörspielsprecherin und Moderatorin für diverse Rundfunkanstalten. Seit 2017 ist sie im Leitungsteam der Kriminächte Stuttgart. Am 1. September 2019 übernahm sie die künstlerische Leitung der Burgfestspiele Jagsthausen, wo sie bereits seit 2014 als Stellvertreterin von Intendant Axel Schneider wirkte. Ihre erste Spielzeit als Chefin fiel gleich Corona zum Opfer wie auch die Saison 2021.

Alle, die mit ihr zu tun haben, schwärmen von der Empathie und der Begeisterungsfähigkeit, mit der Eva Hosemann zu Werke geht. Ihr Theater ist so lebendig wie ihr herzhaft-lautes Lachen. Die alles durchdringende Reibeisenstimme der passionierten Raucherin und der sofort für sich einnehmende bayerisch-österreichische Zungenschlag lassen ahnen: Diese Frau ist patent und hat schon einiges erlebt. Oft ist die Theatermacherin schwarz gekleidet, immer formuliert sie druckreif, aber verständlich und erweckt niemals den Anschein, etwas Einstudiertes zu wiederholen.

Eva Hosemann

„Brassed off – Mit Pauken und Trompeten" (2024)
Frank Roder (Harry),
Eva Hosemann (Rita),
Rouven Honnef (Jim)

Egal, ob man mit dem Serienfreak Eva Hosemann über Aktuelles oder die Highlights der Kindheit wie „Fury", „Bonanza", „Immer wenn er Pillen nahm" oder „Renn, Buddy, renn" spricht, über die düstere Weltlage oder die Zukunft der Burgfestspiele Jagsthausen: Eva Hosemann hat Überzeugungskraft, Charme, Witz und eine Unerschrockenheit, die sich mit dem Mütterlich-Beschützenden in ihrer Persönlichkeit zu etwas sehr Wertvollem verbindet: Haltung. Mit dieser Frau will man etwas Neues schaffen, etwas Altes erneuern – oder wenigstens doch Pferde stehlen. „Kontrollierte Abenteurerin" hat sie die Stuttgarter Autorin Susanne Stiefel einmal sehr treffend genannt, „keine Heulsuse, aber auch keine Hasardeurin": eine Frau, die plant, aber stets im Bewusstsein, dass alles immer ganz anders kommen kann.

Kollegial, fürsorglich und führungsstark

Als ausgebildete Schauspielerin – ihr 35-jähriger Sohn Jonathan ist auch Schauspieler geworden – kennt sie all die Nöte und auch die Tricks dieser Zunft, was ihr beim Regieführen zugute kommt. „Eine tolle Rhetorikerin und wunderbare Regisseurin, ein Theatertier mit jeder Phase ihres Körpers", urteilt Regieassistentin und Choreografin Regine Heiden über Eva Hosemann. Laura Remmler, die 2025 den „Götz von Berlichingen" als zweite Frau nach Ellen Schwiers inszeniert, ist ein Riesenfan der Intendantin: „Sie geht respektvoll mit dem Ensemble um, ist aber nicht auf Teufel komm raus harmoniebedürftig." Die Mischung aus Kollegialität, Fürsorglichkeit und Führungsstärke kreiert eine gute Stimmung im Team. Hier ist er wieder, der berühmte Jagsthäuser Ensemblegeist und das Bild vom Hochseeschiff, auf dem sich die Theaterleute eine gewisse Zeit lang kaum aus dem Weg gehen können. Das wäre vielleicht mal ein Thema für eine Abschlussarbeit in Psychologie, zu untersuchen, welche Abläufe in so einer Konstellation ineinandergreifen und welche Bedeutung Menschen wie Eva Hosemann dabei zukommt. „In England schicken sie die Ensembles auf Klassenfahrten", sagt Laura Remmler, „Eva Hosemann hält das in bester Tradition hoch. Sie ist ein Glücksfall für Jagsthausen", sagt die in Köln lebende Regisseurin.

Als „absolute Theatermutter im positiven Sinn" hat Christopher Krieg, der den Götz und den Weislingen verkörperte und u. a. in den Hosemann-Inszenierungen „Der Name der Rose" und „Laible und Frisch" mitspielte, die Regisseurin und Intendantin erlebt. „Sie ist eine meiner Lieblingsregisseurinnen", meint der Schauspieler Frank Roder, „klug und belesen, lässt das aber niemanden spüren. Sie macht Graswurzelarbeit und wirft sich rein, ohne Rücksicht auf eigene Belange". Seit 2019 wohnt Eva Hosemann in Jagsthausen. Dass sie immer vor Ort ist, empfinden die Kollegen als großes Glück für das Ensemble, für die gemeinsame Arbeit und für die Festspiele. In Jagsthausen schätzt Eva Hosemann die kurzen Wege, die direkte Ansprache, die Anteilnahme der Menschen, vermisst aber eine gute Buchhandlung, ein Kino und einen flexibleren öffentlichen Nahverkehr. Doch das ist der Preis des Dorflebens, den die Pragmatikerin gerne bezahlt, weil sie eben jetzt hier arbeitet. Und Städte mit guter oder passabler kultureller Infrastruktur liegen ja nicht Tagesreisen von Jagsthausen entfernt.

„Laible und Frisch – Urlaubsreif" (2019)

„Der Name der Rose"
(2016)
Szenenbild

Eva Hosemann inszeniert
„Laible und Frisch –
Urlaubsreif" (2019)
Szenenbild mit Ulrich Gall,
Henning Karge, Simon Licht,
Monika Hirschle, Ulrike
Barthruff, Christopher Krieg

Ihr Konzept für die Bühne im Jagsttal findet nicht nur Frank Roder „schlüssig, vielsagend, bunt und bereichernd". Eine ihrer herausragendsten Fähigkeiten ist ihr gutes Gespür für Menschen. Wenn das Ensemble Ende April zu den Proben in Jagsthausen angekommen ist, braucht es nach Roders Erfahrungen eine Woche, „bis wir uns zusammengerüttelt haben. Dann fahren wir gemeinsam die Energie hoch und es läuft." Es ist eine Herausforderung für die Intendanz, Menschen zusammenzubringen, die belastbar sind und sich gegenseitig stützen können. Eva Hosemann meistert diese Herausforderung auf großartige Art und Weise.

Von „sehr, sehr guten Erfahrungen" mit ihr als Mensch, Regisseurin und künstlerischer Leiterin spricht auch Denis Fischer, der in Jagsthausen u. a. in der Titelrolle von „Rio Reiser. König von Deutschland" und als Zaza in „La Cage aux Folles – Ein Käfig voller Narren" glänzte. „Sie weiß, was sie will, und lässt einem genau die richtige Dosis an Freiheit." Fischer, der wie Eva Hosemann aus der Freien Szene kommt, findet, dass sie sich beide wunderbar ergänzen. 2022 kam er erstmals nach Jagsthausen, damals noch „als Baby-Support" für die kleine Tochter Charlie, als seine Lebensgefährtin Lina Hoppe im Traditionsstück die Adelheid spielte. Im Jubiläumsjahr 2025 ist Fischer in vier Produktionen dabei.

„Götz von Berlichingen"
(2022)
Karlheinz Schmitt (Bischof von Bamberg),
Dirk Emmert (Weislingen),
Folkert Dücker (Franz)

„Götz von Berlichingen"
(2022)
Stephan Szász (Götz),
Lukas Dittmer (Georg)

„Götz von Berlichingen"
(2022)
Dirk Emmert (Weislingen),
Lina Hoppe (Adelheid)

Eine besondere Herzensangelegenheit von Eva Hosemann sind die 2019 ins Leben gerufenen Schultheatertage in Kooperation mit der aim-Akademie Heilbronn. Schon Jahre zuvor gab es einen Austausch über pädagogische Möglichkeiten einer Zusammenarbeit, woraus im Schuljahr 2018/19 die Schultheatertage entstanden. Schüler erarbeiten während des Schuljahres Theaterkonzepte zu vorgegebenen Themen, die dann mit professioneller Unterstützung seitens der Burgfestspiele und Theaterpädagogen im Sommer auf die Burghofbühne kommen. 2025 finden zum Thema „Freiheit, was geht?" bereits die dritten Schultheatertage in Kooperation mit der aim-Akademie statt.

Schultheatertage in Kooperation mit der aim-Akademie Heilbronn

Neue Spielstätte im Graben der Götzenburg seit der Spielzeit 2023

Eine bahnbrechende Neuerung gab es in ihrer Intendanz in der Spielzeit 2023: Erstmals in der Geschichte der Burgfestspiele wurde auch im Burggraben der Götzenburg Theater gespielt, in dem zu Coronazeiten schon Proben stattgefunden hatten, statt in Räumen der Gemeinde. Eva Hosemanns Inszenierung der Drei-Männer-Tragikomödie „Indien" von Josef Hader und Alfred Dorfer mit Dan Glazer, Jeff Zach und Frank Roder weihte die neue Spielstätte mit 123 Tribünenplätzen erfolgreich ein, weil sie sehr österreichisch von zwei traurigen Männern und vom Ende ihrer Träume erzählte. Die Burggraben-Bühne wird neben dem Gewölbe und dem Burghof auch weiterhin bespielt: im Jubiläumsjahr mit Yasmina Rezas „Kunst". Regie: Eva Hosemann.

Erste Inszenierung im Burggraben: „Indien" mit Dan Glazer, Frank Roder, Jeff Zach, Regie: Eva Hosemann

Der Corona-Kinnhaken 2020/21

Noch nie in der Geschichte der Burgfestspiele musste eine Spielzeit abgesagt werden. Wegen der Coronapandemie 2020 und 2021 waren es dann gleich zwei hintereinander. 17 000 Karten hatten die Festspiele bereits für den Sommer 2020 verkauft, bevor sie „im Flug abgeschossen" wurden, wie es Eva Hosemann in einem Interview der Situation angemessen drastisch formulierte. Ende April 2020 traf die Festspielleitung diese Entscheidung aufgrund des von der Landesregierung Baden-Württemberg erlassenen Verbots für Großveranstaltungen bis mindestens 31. August 2020 zur Eindämmung der COVID-19-Pandemie. Die Gesundheit der Mitarbeiter, des Ensembles und des Publikums wog zu Recht schwerer als kulturelle und wirtschaftliche Interessen. Die bereits engagierten Schauspieler schickte die Festspielleitung in Kurzarbeit und war damit Vorreiter in der Freilichttheaterbranche.

Als kleinen Ersatz boten die Jagsthäuser Theatermacher im Netz die Lesereihe „Götz einfach erzählt", in der die Ensemblemitglieder Helena Blöcker, Dirk Emmert, Sebastian Faust, Felix Heller, Bernadette Hug, Sarah Kattih, Björn Luithard, und Karlheinz Schmitt für Kinder in Kooperation mit dem Kindermann Verlag Berlin Szenen aus dem Traditionsstück lasen. Unterstützt wurde das Format von Sponsoren, Zuschussgebern und Freunden.

2020 erhöhte der Verein der Freunde der Burgfestspiele seinen Förderscheck von 70 000 Euro um eine Sonderspende von 5 000 Euro und legte für 2021 die jährliche Förderung gleich auf 75 000 Euro fest. Um die Spielzeit 2021 hat die Festspielleitung lange gekämpft, Konzepte überlegt und Szenarien durchgespielt, musste sie aber schweren Herzens absagen. Angesichts stark steigender Infektionszahlen, noch unzureichender Impfkapazitäten und einer weiterhin unvorhersehbaren Coronaentwicklung war kein für die Theatermacher und das Publikum pandemiegerechter und sicherer Spielbetrieb möglich. „Ich bin unendlich traurig. Das zweite Mal in Folge keine Kunst machen zu können ist bitter, sowohl für alle Künstler als auch deren Publikum. Die Durststrecke wird länger – hoffentlich verdursten wir nicht", seufzte Eva Hosemann geschlaucht von dieser für alle zermürbenden Situation.

Ungewohntes Bild: 2020 und 2021 bleibt der Burghof im Sommer leer

Veranstaltungen in Pandemiezeiten mit Abstandsregelungen: „Klassik meets Burg"

Frust über den Dornröschenschlaf

Während die Freilichtspiele Schwäbisch Hall auf variable Stuhlreihen vor der Großen Treppe und auf mehrere Zugänge zurückgreifen können, ist der Eingang zur Tribüne im Jagsthäuser Burghof ein Nadelöhr. Auch der Backstagebereich in der Burg mit Garderobe, Maske und Technik ist eng. Gemäß den Corona-Sicherheitsvorkehrungen müssen jedem Schauspieler zehn Quadratmeter Garderobe zur Verfügung stehen. Um dies zu erfüllen, hätte die Festspielleitung fünf Container aufstellen müssen. Schauspielerabgänge und Zuschauerzugänge waren im Burghof nach den vorgeschriebenen Hygiene- und Abstandsregeln einfach nicht möglich. Der Einlass hätte drei Stunden gedauert, um maximal 190 Besucher auf die 860 Plätze bietende Tribüne zu lotsen. Bedingungen, die für ein Privattheater, das 75 Prozent seiner Einnahmen selbst erwirtschaftet, wirtschaftlich nicht tragbar waren.

Am 1. und 8. August 2021 fanden unter dem Motto „Klassik meets Burg" immerhin zwei Sommerkonzerte mit dem Württembergischen Kammerorchester Heilbronn in der Götzenburg statt: zwei Abende mit einem Klassikmix in familiärer Atmosphäre an einem altbekannten Ort in neuem Gewand. Die Bühne war dort,

Im Publikum: Birgit Baronin von Berlichingen (links)

Wo normalerweise die Tribüne steht: Einsam tafeln Alexandra Baronin von Berlichingen und Sohn Götz, Roland Halter und Ehefrau Hannegret

wo normalerweise die Tribüne steht, der Zugang in den Burghof erfolgte über den großen Torbogen. Die jeweils 120 zugelassenen Besucher lauschten an Zweier-Bistrotischen mit gebührendem Abstand zu den Nachbarn der Musik von Bach, Telemann, Haydn, Marais, Leclair, Viotti, Piazzolla, Sibelius oder Kreisler, dargeboten von drei Duos des WKO. Intendantin Eva Hosemann atmete auf: „Der Dornröschenschlaf hat ein Ende. Endlich wieder künstlerische Klänge im Burghof."

Und es gab auch finanzielle Hilfen. Bereits im Januar 2021 erhielten die Burgfestspiele eine Förderung des Landes Baden-Württemberg aus dem Corona-Nothilfefonds von knapp 41 000 Euro, um die Existenz der Festspiele nach der ausgefallenen Spielzeit 2020 zu sichern. Bis zu 622 000 Euro waren aus diesem Topf für den Notfall zugesichert, um das Theater im Jagsttal ins Jahr 2022 hinüberzuretten. Davon sind im Dezember 2021 63 000 Euro geflossen, die die Burgfestspiele sechs Monate später zurückgezahlt haben. Im zweiten Coronajahr erhielt der heruntergefahrene Festspielbetrieb keine Hilfsgelder mehr. 80 000 Euro bekamen die Burgfestspiele aus dem Bundesprogramm für pandemiebezogene Investitionen im Theater, sprich für Luftreiniger, Desinfektionsmittelspender oder Laptops fürs Homeoffice, und haben für diese Ausgabenposition noch einmal 20 000 Euro draufgelegt. Der Deutsche Bühnenverein wickelte für Gagen 100 000 Euro aus Bundesmitteln ab. Eine Anschubfinanzierung zum Neustart nach Corona für die Spielzeit 2022 in Höhe von 25 000 Euro zusätzlich zum üblichen Förderbeitrag kam vom Verein der Freunde der Burgfestspiele. Das Geld floss in den Unterhalt der technischen Anlagen, in die Anschaffung von Kopierern, Scannern und Trussliften sowie in die Neuanschaffung einer Zugmaschine.

Besondere Kulisse: wöchentliches Arbeitstreffen (Jourfixe) im leeren Burghof

Eva Hosemann erarbeitet sich das Genre Musical – „Spamalot"

Eva Hosemann, mit Leib und Seele Sprechtheatermacherin, fragte sich in Musicals immer: „Warum müssen die jetzt singen?" Singen als Überhöhung der Sprache: Damit hat sie lange gefremdelt. Sprache ist Eva Hosemanns Elixier, das schon immer ihr Interesse am Theater nährte. Als Studentin in Wien hat sie natürlich Musicals wie „A Chorus Line" oder „Cats" erlebt. Sehr beeindruckt hat sie der Film „All That Jazz" (deutscher Verleihtitel: „Hinter dem Rampenlicht") von Bob Fosse aus dem Jahr 1979. Er ist ein irritierendes Selbstporträt Bob Fosses, der darin seinen eigenen Infarkttod 1987 vorwegnimmt. Der Musicalfilm mit so berühmten Nummern wie „On Broadway" von George Benson gewährt faszinierende Einblicke in die schweiß- und tränengetränkte Arbeit am Broadway und hinter die Kulissen und Machenschaften der Musical-Industrie. Er hat Eva Hosemann deshalb so gepackt, „weil Fosse nicht nur die glänzende Oberfläche zeigt, sondern mit der Inszenierung seines Todes ans Eingemachte geht". Unter Axel Schneiders Intendanz hat Eva Hosemann kein Musical inszeniert. Zum Einstieg in das Genre findet sie auch noch aus heutiger Sicht „Spamalot" ideal. Das Musical basiert auf dem 1975 gedrehten Filmklassiker „Ritter der Kokosnuss" der Kult-Blödeltruppe Monty Python. Die Premiere der Jagsthäuser Inszenierung zur Eröffnung der 72. Spielzeit am 11. Juni 2022 markiert nicht nur Eva Hosemanns erste Musical-Erfahrung als Regisseurin, sondern auch das Ende der zweijährigen Pandemie-Zwangspause im Burghof. „Das Stück lässt alles zu", sagt sie, „auch den größten Blödsinn." Sie mag den schwarzen und auch bösen britischen Humor: „Es hat einfach wahnsinnigen Spaß gemacht, das Genre damit zu erobern. Du brauchst eine Fee aus dem See und zwei Hardcore-Sänger, und es hat funktioniert. Und mit Felix Meyerle hatten wir einen musikalischen Leiter, der nicht nur abspulte, sondern auch erfand."

„Monty Python's Spamalot"
Inszenierung zur Eröffnung der 72. Spielzeit am 11. Juni 2022
Raphael Dörr (Sir Galahad), Helena Blöcker (Fee aus dem See)

„Monty Python's Spamalot"
(2022)
Helena Blöcker (Fee aus dem See)

„Monty Python's Spamalot"
(2022)
Carlo Benz (Patsy),
Jeff Zach (König Artus)

„Monty Python's Spamalot" (2022)

Charme des Unperfekten

Die Improvisation mit theatralen Mitteln, die das Spiel unter freiem Himmel erfordert, ist für die Intendantin gerade das Reizvolle – auch im Musical. Das musicalübliche Blocking – was so viel bedeutet wie das Stellen eines Korsetts – ist nicht Eva Hosemanns Art, Regie zu führen: „Ich entwickle eine Inszenierung sehr gerne mit den Menschen, mit denen ich arbeite. Das ergibt oft pragmatische Lösungen." Manche Musicaldarsteller tun sich schwer, wenn nicht alles von vornherein feststeht, andere sind glücklich über die neuen Freiheiten.

Die Kritik fand lobende Worte: „Eva Hosemanns Comedy-Musical braucht ein wenig, um auf Touren zu kommen, mit einem gut aufgelegten Ensemble gelingt es der Inszenierung dann aber, den berühmten schwarzen und absurden Humor der Komikertruppe einzufangen. Selbstironisch werden mittelalterliche Mythen und die Kirche verballhornt, Gender-Klischees auf den Kopf gestellt und klassische Musical-Konventionen durch den Kakao gezogen. So provozierend wie vor 50 Jahren ist das natürlich alles nicht mehr, viel mehr liebenswert nostalgisch. Wer die Filmvorlage kennt, wird vieles wiederentdecken, kann darüber schmunzeln, wie manche Szenen im Burghof mit einfachsten Mitteln umgesetzt werden. Ein durch die Luft geworfenes Stofftier wird beispielsweise zum gefährlichen Killerkaninchen. Das versprüht den Charme des Unperfekten, der auch die Monty-Python-Filme so liebenswert machte. Nette Regiekniffe sorgen für Abwechslung: Götz-Darsteller Stephan Szász schließt sich kurzzeitig den Rittern an, um festzustellen, dass er im falschen Stück gelandet ist. Die vielköpfige Live-Band im Burghof spielt sich gekonnt durch die abwechslungsreiche Partitur von John du Prez und Eric Idle, gekrönt vom größten Hit ‚Always Look On The Bright Side Of Life' aus dem Python-Film ‚Das Leben des Brian'", schrieb ein Rezensent. Mit 7480 verkauften Tickets war „Spamalot" das am stärksten nachgefragte Stück der Spielzeit. Die personelle Lage war jedoch oft schwierig, weil es zwölf Coronafälle im Ensemble gab.

„Monty Python's Spamalot" (2022)

„Monty Python's Spamalot" (2022)

„Baskerville – Sherlock Holmes und der Hund von Baskerville" (2022) Herbert Schöberl (Dr. Watson), Frank Roder (Sherlock Holmes)

Diese Männer muss man sehen: „Ladies Night" (2022–2024)

„Der kleine Vampir" (2022)
v. l.: Folkert Dücker (Lumpi von Schlotterstein), Bernadette Hug (Tante Dorothee), Dan Glazer (Rüdiger von Schlotterstein), Lina Hoppe (Anna von Schlotterstein)

Theater mit politischem Anspruch, emotionaler Berührung und hohem Unterhaltungswert – „Rio Reiser. König von Deutschland" und „Ein Käfig voller Narren"

Eine der schönsten, packendsten und ergreifendsten Inszenierungen der letzten Jahre im Burghof gelang Eva Hosemann 2023 mit „Rio Reiser. König von Deutschland" von Heiner Kondschak. Rio Reiser (1950–96) war die treibende Kraft der Berliner Polit-Rockband Ton Steine Scherben und wandelte nach deren Auflösung auf Solopfaden. Er hinterließ eine große Menge an wunderschönen Liedern über Liebe, Politik, Diskriminierung, Sehnsucht nach Gerechtigkeit – kurz: den Kampf ums Paradies. Zeitlebens trieb Rio Reiser, dessen Name heute weit weniger bekannt ist als seine Lieder, der Traum von einem besseren Leben um. In Schlaglichtern beleuchtet das Stück des im August 2024 im Alter von 69 Jahren verstorbenen Heiner Kondschak das Leben Rio Reisers, der eigentlich Ralph Christian Möbius hieß. Es erzählt von der Gründung der Scherben, von Hausbesetzungen, politischer Vereinnahmung durch die Linken, vom Kommunenleben in Westberlin um 1970, von schlecht organisierten Tourneen, die in der Pleite endeten, von der Flucht aufs Land auf einen Bauernhof in Nordfriesland und schließlich von Rio Reisers Solokarriere, die ihn Mitte der achtziger Jahre in die Charts katapultierte. Eva Hosemanns Inszenierung spürte auf mitreißende und gleichzeitig einfühlsame Weise der aufrührerischen Zeit der siebziger Jahre, ihren Idealen und der Verwandlung ihrer Protagonisten nach. Das Ensemble war sowohl darstellerisch als auch musikalisch eine Wucht, allen voran Denis Fischer als Rio, den man nicht mehr vergisst. Authentisch, inbrünstig und doch alles andere als eine Kopie. Auch die Songauswahl war stimmig und von den Darstellern als Band unter der musikalischen Leitung von Felix Meyerle hervorragend umgesetzt.

Die Produktion war Dokutainment im besten Wortsinn und brach die 2004 geschriebene Vorlage Kondschaks auf, der im Original mit zwei Moderatoren arbeitet. Diesen Stoff, den man eher in einem städtischen Milieu verorten würde, in einem Freilichttheater auf dem Land fern der Metropolen anzubieten, zeugt vom Mut der Festspielleitung und der Intendantin. Das Stück lag jahrelang auf dem Schreibtisch von Roland Halter, bis er mit Eva Hosemann die geeignete künstlerische Leitung und Regisseurin fand. Sie haben erkannt, dass gerade in Zeiten der Krisen und Umbrüche und des drohenden Verlusts sicher geglaubter gesellschaftspolitischer und demokratischer Errungenschaften solche Stoffe immens wichtig sind. Jagsthausen ließ sich mit „Rio Reiser. König von Deutschland" auf ein Experiment ein, das künstlerisch hundertprozentig aufging, aber wirtschaftlich nur deshalb funktionierte, weil es mit anderen Produktionen querfinanziert wurde. Und warum funktionierte ein Stück über eine linke Polit-Rockband in der Kulisse des altehrwürdigen Burghofs? Denis Fischer antwortet mit entwaffnender Logik: „Friede den Hütten, Krieg den Palästen, das passt schon." Und Rio Reiser als Solokünstler? „Der König von Deutschland hat sicher auch 'ne Burg oder ein Schloss, oder?"

In der Spielzeit 2024 kam Rio für drei En-Suite-Vorstellungen in den Burghof zurück. Und viele Besucher ebenso, um noch einmal die Lieder dieses hochtalentierten, zerrissenen und nach Liebe suchenden Songwriters zu erleben wie die Generationshymne „Keine Macht für Niemand", den immer noch populären Millionenseller „König von Deutschland" und lyrische Stücke wie „Komm, schlaf bei mir" oder „Junimond". Rohe, ungefilterte Songs voller Wut und Verletzlichkeit und solche mit viel Herz, leisem Kummer und stiller Verzweiflung an der Welt. Durch diese Gefühlsachterbahn ließ Eva Hosemanns Inszenierung das Publikum rasen – mit Tempo, Witz und emotionaler Wucht.

„Rio Reiser. König von Deutschland" (2023/24) Szenenfoto mit Rouven Honnef, Marianna McAven, Denis Fischer, Björn Luithardt, Fabio Piana

„Rio Reiser. König von
Deutschland" (2023/24)
Denis Fischer (Rio Reiser)

„Rio Reiser. König von
Deutschland" (2023/24)
Denis Fischer (Rio Reiser)

Teurer Nobelclub oder doch lieber Kaschemme

Im Musical- und Opernbetrieb ist es normal, dass sich die Stücke in einer Spielstätte rund alle 20 Jahre wiederholen. 2024 inszenierte Eva Hosemann den 1983 am Broadway uraufgeführten Klassiker „La Cage aux Folles – Ein Käfig voller Narren", den Helga Wolf bereits 2003 mit Willi Welp als Albin/Zaza und R. A. Güther als Georges auf die Bühne im Burghof gebracht hatte – damals in der opulenten und sündhaft teuren Ausstattung von Heidrun Schmelzer im Ambiente eines Nobel-Travestieclubs. Eva Hosemann führte ihr Publikum lieber ins Kaschemmenmilieu. Helga Wolf und Eva Hosemann haben beide lange über ihre jeweiligen Inszenierungen gesprochen. „Man kann beides machen", meint Helga Wolf diplomatisch. „Es ist halt eine andere Zeit heute." In der Tat. Wir sind weiter als vor 20 Jahren, und Wörter wie gendern oder queer sind in den allgemeinen Wortschatz übergegangen. Aber es formieren sich neue politische Ablehnungen, neuer Hass gegen homosexuelle Lebensentwürfe. „I Am What I Am" ist die Kernbotschaft des Stückes: Lass das andere zu, lerne es zu verstehen.

Eva Hosemann wollte im „Käfig voller Narren" eine Geschichte über Liebe und Respekt, Wertschätzung und Aufgehobensein erzählen. Das Kaschemmenmilieu wählte sie bewusst, weil ihr die glatte Musical-Oberfläche ein Graus ist. Die Musical-Illusionsmaschinen à la Hamburg oder Stuttgart sind im Jagsttal ohnehin aus rechtlichen, technischen und finanziellen Gründen nicht nachahmbar: „Wir müssen die Dinge so erzählen, wie wir's können." Und da Kaschemme zudem preisgünstiger ist als Salon, bitte schön. Die Welt der Travestieshows der achtziger Jahre à la Mary

„La Cage aux Folles – Ein Käfig voller Narren" (2024)
Denis Fischer (Zaza),
Lukas Dittmer (Jacob)

„La Cage aux Folles –
Ein Käfig voller Narren"
(2024)
vorne: Denis Fischer
(Zaza)

„La Cage aux Folles –
Ein Käfig voller Narren"
(2024)
Frank Roder (Albin),
Denis Fischer (Zaza)

& Gordy ist längst vorbei. Aber sie war wichtig. Heute geht es um die Akzeptanz der Beziehungsstrukturen von liebenden, suchenden, verletzten Menschen. Eva Hosemann will fluide Erotik, weibliche Männlichkeit, keine angeschnallten Busen. Der kahle Kopf von Denis Fischer als Zaza steht für die Schönheit des Mannes, der eine Frau spielt. Oder sein möchte. Oder ist.

Die Kritik war angetan: „Mögen dabei auch schwule Klischees bedient werden, hat die Inszenierung ihr Herz insgesamt doch am rechten Fleck, weil sie bis zum großen Finale inklusive Regenbogenfahne die Sorgen und Nöte der Hauptfiguren ernst nimmt. Im Jagsthäuser Narrenkäfig werden sie gespielt von Frank Roder (Georges) und Denis Fischer (Zaza). Die Chemie zwischen dem besonnenen Ruhepol und der launischen Diva stimmt. Stimmlich herausragend, wandelt Fischer in der Gay-Pride-Hymne ‚Ich bin, was ich bin' (‚I Am What I Am') seine Kränkung in Trotz um. Wie dieses Musical überhaupt eingängige Nummern bereithält, die den Musikern um Felix Meyerle Gelegenheit bieten, sich als flottes Revueorchester zu beweisen. Dass die Beine der Cagelles munter durch die Luft wirbeln, dafür sorgen Dance Captain Sorina Kiefer und die Choreografien von Fides Groot Landeweer. Von Lukas Dittmer in der Rolle des heillos überdrehten Butlers Jacob bis zu Dirk Emmert, der den üblen Abgeordneten Edouard Dindon verkörpert, ist das Ensemble mit sichtlichem Spaß bei der Sache und macht diesen Abend zum unterhaltsamen Plädoyer für Vielfalt und Toleranz. Dass nebenbei der Wert der Familie beschworen wird – es muss ja nicht die biologische sein –, könnte man fast schon wieder als konservativ bezeichnen." Mit „La Cage aux Folles – Ein Käfig voller Narren" ist Jagsthausens Intendantin endgültig im Genre Musical angekommen. Im Jubiläumsjahr inszeniert Eva Hosemann „Das ABBA Konzert – Dancing Queen" in Kooperation mit den Gandersheimer Domfestspielen. Let's dance!

„La Cage aux Folles –
Ein Käfig voller Narren"
(2024)
Denis Fischer (Zaza)

„La Cage aux Folles –
Ein Käfig voller Narren"
(2024)
Szenenfoto

„Gretchen 89ff." (2024)
mit Dirk Emmert und
Bernadette Hug im Graben
der Götzenburg

„Pinocchio" (2024)
hinten v. l.: Lina Hoppe
(Katze), Fabio Piana
(Dame), Sebastian Volk
(Fuchs)
vorne: Marianna McAven
(Pinocchio)

„Der Sonnenkönig" (2023)
Marianna McAven (Berta),
Carlo Benz (Konrad),
Jeannette Nickel (Aurelia),
Maja Sikora (Henriette)

Highlight beim jungen Publikum: „Vom kleinen Maulwurf, der wissen wollte, wer ihm auf den Kopf gemacht hat" (2024) Björn Luithardt (Hund), Rouven Honnef (Maulwurf), Denis Fischer (Reisebegleiter)

„Des Kaisers neue Kleider" (2023)
Frank Roder (Kaiser),
Bernadette Hug (Penelope),
Helena Blöcker (Mlnisterin),
Felix Caspar Krause (Gabriel), Denis Fischer (Narr), Lina Hoppe (Prinzessin Daphne),
Folkert Dücker (Betrüger, links)

Wo geht die Reise hin? Eva Hosemann über die Zukunft der Burgfestspiele

2003 kamen 80 000 Besucher nach Jagsthausen, 2024 nur noch 30 000, weniger als die Hälfte. Geht es mit den Burgfestspielen bald zu Ende?

Eva Hosemann: Das glaube ich nicht. Es ist einfach wahnsinnig viel dazugekommen. Jeder Ort mit einer Ruine und ein paar herumliegenden Steinen macht Theater, mit Laien oder Profis. Auch die ganz großen Events wurden mehr wie die Festivalkultur allgemein. Die Erwartungen der Leute an die Erlebniswelt sind wahnsinnig gewachsen. Wer zu Adele nach München gefahren ist und 400 Euro für die Karte bezahlt hat, überlegt dann schon, was kann ich sonst noch machen?

„Baskerville – Sherlock Holmes und der Hund von Baskerville" (2018)

Frank Watzke (Dr. Watson), Mats Kampen (in mehreren Rollen)

Das Angebot kitzelt also die Erwartungshaltung hoch?

Eva Hosemann: In gewissem Sinn schon. Der Event- und Veranstaltungsmarkt hat sich in den vergangenen 20 Jahren ebenso radikal verändert wie die Mobilität der Leute. Es geht nicht mehr so sehr um Qualität. Die Menschen wollen nur noch Höchstleistung. Vieles wird gleichgesetzt. Die ureigene Kraft des Theaters geht dabei verloren. Danach suche ich immer. Wenn jemand sagt, die Inszenierung hat mich berührt, finde ich das nachhaltiger als „Wow, da kommen die Affen von der Decke" wie beim Musical „Tarzan". Auch die Verlockung, sich daheim auf dem Sofa tolle Dinge anzuschauen, ist natürlich groß. Ich liebe ja selbst Fernsehen und Kino.

Die Burgfestspiele also als einsamer Rufer in der Wüste?

Eva Hosemann: Nein, ich will nicht in einen Jammerton verfallen und nichts gegeneinander ausspielen. Netflix produziert großartige Sachen, es gibt tolle Computerspiele. Ich will nur sagen: Das alles macht es schwieriger, den Platz zu behaupten. Wir müssen immer daran denken: Was ist das Wesen unseres Mediums Theater? Es ist live, man kommt zusammen, um etwas gemeinsam zu erleben, Knie an Knie. Die Gleichzeitigkeit des Erlebens ist aber heute auch via Internet möglich. Und Suchtfaktoren gibt es überall: Social Media etwa oder Serien, in denen man langfristig erzählen kann. In „Homeland" beispielsweise bin ich reingekippt. Das ist sensationell. Man schaltet an und ist darin sofort zu Hause. Das schaffen Serien. „Der Pass" oder „Die Bergretter": Man ist daheim. Die Fülle der Freizeitmöglichkeiten und die Zugänglichkeit zu dieser Fülle sind unendlich geworden. In einer Sekunde kann ich auf 20 verschiedene Welten zurückgreifen. Da splittet sich das Publikum automatisch auf.

Johann Wolfgang von Goethes Sturm-und-Drang-Opus „Götz von Berlichingen" ist das Traditionsstück in Jagsthausen. Fluch oder Segen?

Eva Hosemann: Eindeutig Segen. Die langwährende Auseinandersetzung mit einem Thema ist unglaublich spannend. Und eigentlich nicht mehr zeitgemäß. Hasko Weber wollte als Intendant in Stuttgart in jeder Spielzeit Georg Büchners „Woyzeck" zeigen. Schon in der zweiten Spielzeit sind die Abonnenten weggeblieben. Der „Götz" ist so vielfältig, mit dem kann man sich 100 Jahre lang beschäftigen. Für Jagsthausen ist er ein Glück und eine Chance.

Thomas Sarbacher ist
„Götz von Berlichingen"
(2025)

Wie könnte eine Programmstruktur für die kommenden Jahre in diesem relativ abgelegenen Ort aussehen?

Eva Hosemann: Im Jubiläumsjahr 2025 ist sie bewusst sehr musikalisch. Ansonsten: Wir müssen beobachten und reagieren. „Baskerville – Sherlock Holmes und der Hund von Baskerville" z. B. lief 2018 sehr gut. Die Leute lieben Kriminalgeschichten. 2026 wird es sicher wieder so etwas geben ...

Bei den Recherchen für dieses Buch habe ich Schauspieler, Intendanten und Regisseure um Tipps gebeten, wie die Burgfestspiele eine erfolgreiche Zukunft gestalten können. Hier eine Auswahl der Antworten: wieder mehr Klassiker, auch unterhaltsame, weniger Musiktheater. Oder: nur ein Musical, dafür aber eines, das knallt mit prominenten Darstellern und opulenter Ausstattung. Oder: Der „Götz" muss noch stärker eine Marke werden. Oder: mehr Marketing mit Events, Gastronomie, Jagst, Limes, Wein. Oder: die Nähe zu Stuttgart besser nutzen. Oder: nur noch drei Stücke mit dem „Götz", einem Musical, einem Kinderstück. Oder: den „Götz" nur noch alle drei Jahre spielen ...

Eva Hosemann: Bis auf die beiden letzten haben sie alle recht. Der „Götz" ist unser Leuchtturm, unsere Berechtigung, in der Burg zu spielen. Das hat etwas mit Tradition zu tun, mit dem Wachsen eines Stückes in die Welt. „Der ‚Götz' ist wie ein Steinbruch", hat Regisseur Christoph Biermeier gesagt. Ansonsten: Wenn ich viel Geld hätte, könnte ich viel tun. Je schlechter es uns geht, desto wichtiger wird die Kultur. Die Zeiten sind eigentlich gut für Kultur. Denn ohne sie wäre es total finster. Aber keiner will ein Stück über den Ukraine-Krieg. Es gilt, die Gratwanderung zu schaffen zwischen Ambition und Unterhaltung, zwischen Nachdenken und Lachen – und wenn beides zusammen passiert, ist das perfekt.

Was bedeutet der Klimawandel für die Burgfestspiele?

Eva Hosemann: Das Wetter ist ein großes Problem und wird schwieriger. Die Leute sind vorsichtiger und informieren sich über die Wetter-Apps. Aber wenn z. B. in Weinstadt die Welt im Starkregen unterzugehen droht, kann in Jagsthausen die Sonne scheinen. In Jagsthausen gibt es kein Dach oder Segel. Und beim Thema Klimawandel kann man ohnehin an der selbstzerstörerischen Spezies Mensch verzweifeln ...

Und der demografische Wandel? Wo bleiben die Jungen?

Eva Hosemann: Sie müssen begeistert werden, sich aber auch ein bisschen selbst bemühen. Das praktizieren wir in Jagsthausen schon mit unseren Schultheatertagen in Kooperation mit der aim-Akademie, die 2025 bereits zum dritten Mal stattfinden. Schüler entwickeln eigene Inszenierungen, die sie im Burghof auf die Bühne bringen, unterstützt von Theaterleuten und Pädagogen. Ich selbst bin mit 14 Jahren für das Theater begeistert und an das Medium herangeführt worden, und so viele Theaterbegeisterte gab es auch nicht an meiner Schule. Wir machen in Jagsthausen viel für Kinder, und es gibt Produktionen wie „Spamalot", die auch ein jüngeres Publikum ansprechen. Vielleicht können wir mit vergünstigten Angeboten noch mehr junge Menschen erreichen. Andererseits: Ich gehe ja auch nicht zum Fußball ...

Wann inszeniert Eva Hosemann den „Götz"?

Eva Hosemann: Irgendwann. Ich freu mich drauf. Zu Beginn, als ich ihn verstanden hatte, hatte ich eine Vision.

Welche?

Eva Hosemann: Das will ich noch nicht verraten.

Spielt den Götz irgendwann eine Frau?

Eva Hosemann: Bei mir nicht, da es für mich ein sehr männliches, von einem Mann geschriebenes Stück ist. Dann müsste Weislingen auch eine Frau ... Also, mich interessiert dieser Gedankengang nicht.

„Brassed off – Mit Pauken und Trompeten" (2024)
Szenenfoto

Backstage

Auf dem Weg in die Gegenwart ...

2000
Jan Aust ist neuer Intendant der Burgfestspiele Jagsthausen, für die er schon lange Jahre als stv. Intendant, Schauspieler und Regisseur wirkt.
Unter seiner Regie wird u. a. „Götz von Berlichingen" mit Peter Bause gezeigt. Außerdem stehen „Die Fledermaus" sowie „Dornröschen" auf dem Spielplan.
Die Gastspiele „Das @ntwort" von Mathias Richling, „Blechschaden" by Bob Ross und „Mutter Courage und ihre Kinder" ergänzen das Programm.
Die Adolf Würth GmbH & Co. KG wird  Hauptsponsor der Burgfestspiele.

2001
Die Marke von 80 000 Besucher in einer Spielzeit wird geknackt.
Bundespräsident Prof. Dr. Roman Herzog gibt die Schirmherrschaft der Festspiele an den Unternehmer Prof. Dr. h.c. Reinhold Würth ab. Die Festspiele werden eine gemeinnützige GmbH. Geschäftsführer sind Alexandra Baronin von Berlichingen, Bürgermeister Roland Halter und Hotelier Jürgen Bircks. Der Heimat- und Verkehrsverein e. V. ist alleiniger Gesellschafter der Burgfestspiele.

Die Stahlrohrtribüne erhält eine neue Bestuhlung.

2002
Die Burgfestspiele bringen erstmals fünf Stücke auf die Bühne: „Götz von Berlichingen" (Neuinszenierung, Regie Jan Aust), „Faust I" (Wiederaufnahme, Regie Jan Aust), „Evita" (Wiederaufnahme, Regie und Choreografie Helga Wolf), „Der eingebildete Kranke" (Neuinszenierung, Regie Helmut Stauss), „Pinocchio" (Neuinszenierung, Regie Jan Aust).
Investiert wird in diesem Jahr in einen neuen Bühnenboden. Der Vertrag mit Jan Aust als Intendant wird bis 2005 verlängert.

2003
80 277 Besucher – die erfolgreichste Spielzeit der Burgfestspiele aller Zeiten.
Im Programm: „Nathan der Weise", „Götz von Berlichingen", „Ein Käfig voller Narren" sowie „Das Dschungelbuch".

2004
Erwerb des Verwaltungsgebäudes Schloßstraße 12 durch den Gesellschafter Heimat- und Verkehrsverein e. V.

Im Spielplan: „Amphitryon" von Heinrich von Kleist in der Regie von Jan Aust, das Musical „Cabaret", das Kinderstück „Dschungelbuch II – Mowglis Rückkehr" und als Wiederaufnahmen „Götz von Berlichingen" und „Nathan der Weise".

2005
Im Programm: eine Neuinszenierung „Götz von Berlichingen" mit Max Reimann als Titelfigur sowie „Des Teufels General", „Cabaret", „Piaf", für die Kinder „Max und Moritz" und Open-Air-Konzerte von Klassik bis Rock.

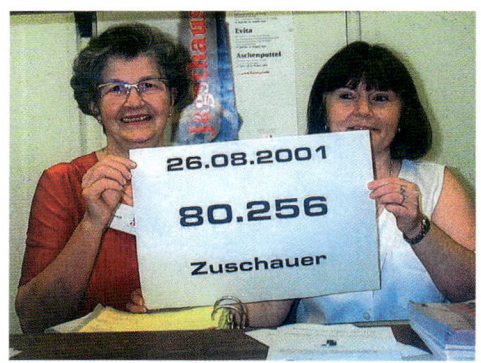

„Evita" (2001/02) Cornelia Drese (Evita)

„Ein Käfig voller Narren" (2023) Szenenfoto

„Götz von Berlichingen" (2005) Karoline Kiesewetter (Adelheid), Kristian Lucas (Franz)

2006

Sechs Eigenproduktionen im Spielplan: „Götz von Berlichingen", „Piaf", „Jesus Christ Superstar", „Der Geizige", „Der Hauptmann von Köpenick" sowie als Kinderstück „Räuber Hotzenplotz". Dazu wieder Konzerte von Klassik bis Rock.

2007

Heinz Kreidl führt Regie im Traditionsstück „Götz von Berlichingen". Daneben stehen das Musical „Camelot" und im dritten Jahr „Piaf" sowie als weitere Schauspiele „Hamlet" und „Arsen und Spitzenhäubchen" im Spielplan. Für Kinder wird „Ali Baba und die 40 Räuber" gespielt. Konzerte geben Paul Kuhn, die Lumberjack Bigband sowie das Württembergische Kammerorchester Heilbronn im Burghof.

2008

Roland Halter verlässt Ende 2008 die Geschäftsführung der Burgfestspiele.
Im Programm drei Neuinszenierungen und drei Wiederaufnahmen: „Götz von Berlichingen" mit Gerhard Garbers in der Titelrolle, „Arsen und Spitzenhäubchen" sowie „Piaf" wurden übernommen, neu für den Burghof inszeniert wird „Der zerbrochne Krug" mit Wolfgang Hepp, „Schneewittchen" sowie das Musical „Der kleine Horrorladen". Verzichtet wird auf Konzerte sowie das kleine Programm im Gewölbekeller. Mit rund 52 000 Besuchern müssen die Festspiele einen Besucherrückgang hinnehmen.
Nach vielen erfolgreichen Jahren wird Jan Aust als Intendant verabschiedet.

2009

Heinz Kreidl wird Nachfolger von Jan Aust als Intendant der Burgfestspiele.

Thomas Schick wird neuer Geschäftsführer und ergänzt das Team um Alexandra Baronin von Berlichingen und Jürgen Bircks. Fertigstellung neuer Fluchtwege.
Im Programm der 60. Spielzeit: „Die Dreigroschenoper" von Bertolt Brecht unter der Regie von Heinz Kreidl eröffnet die Spielzeit. Inszenierungen von „Götz von Berlichingen" und Woody Allens „A Midsummernight's Sex Comedy" folgen. Peter Löscher vervollständigt das Programm mit seiner Inszenierung von Schillers „Die Räuber". Im Kinderprogramm wird Otfried Preußlers „Die kleine Hexe" aufgeführt.

2010

Thomas Schick zieht sich aus der Geschäftsführung zurück. Roland Halter kehrt zurück.
Im Spielplan: Neben „Götz von Berlichingen" und Shakespeares „Was ihr wollt" wird zum ersten Mal „The Blues Brothers" mit Oliver Jaksch und Thomas Gerber aufgeführt. Für Kinder steht das Märchen „Der kleine Muck" auf dem Programm.

2011

Einführung des Online-Ticketing. Buchungen sind rund um die Uhr möglich.
Im Spielplan: Wiederaufnahme des Erfolgsstücks „The Blues Brothers" dazu Richard O'Briens Kultmusical „The Rocky Horror Show", „Götz von Berlichingen", Edward Albees „Wer hat Angst vor Virginia Woolf …?" Für Kinder auf der Bühne: „Mein Freund Wickie". Ebenfalls sind die SWR3 Live Lyrics zu Gast auf der Götzenburg.

2012

Jan Maagaard inszeniert als erster Nicht-Muttersprachler „Götz von Berlichingen" zu dessen 450. Todestag. Daneben im Programm „Einer flog über das Kuckucksnest", die Wiederaufnahme von „The Rocky Horror Show" und „The Blues Brothers" sowie das Kinderstück „Jim Knopf und Lukas der Lokomotivführer".

2013

Im Programm: Heinz Kreidls Inszenierung von „Götz von Berlichingen" mit Oliver Jaksch in der Hauptrolle. Des Weiteren wird Elton Johns und Tom Rice's „Aida", „Amadeus" und für Kinder „Hänsel und Gretel" gezeigt.

2014

Axel Schneider wird neuer Intendant der Burgfestspiele.
Die Stahlrohrtribüne muss nach 51 Jahren stillgelegt werden. Sie entspricht nicht mehr der Veranstaltungsstättenverordnung. Seit

der Spielzeit 2014 steht alljährlich die neue Layher-Tribüne der Firma StageX im Burghof. Mit der Unterkonstruktion aus dem Layher Allround Gerüst wird die Sitztribüne EV 75 an das abschüssige Gelände sowie den beengten Platz im Innenhof der Burg angepasst. Sämtliches Material – insgesamt etwa 30 Tonnen – kann nur mit leichtem technischen Gerät durch das 2,50 m breite Burgtor in den Innenhof transportiert werden.

„Piaf" (2005–2008)
Asita Djavadi als „Piaf"

„Einer flog über das Kuckucksnest" (2012)
Thomas Gerber (Randle McMurphy), Sonja Baum (Schwester Ratched)

Einführung des Kleinkinderstücks im Gewölbe. Einweihung der neuen Garderobencontainer für die Laiendarsteller im Burggraben.
Im Programm: „Götz von Berlichingen" mit Götz Otto, „Die Päpstin", und „Die Feuerzangenbowle". Helen Schneider spielt die weibliche Hauptrolle in „Der Ghetto Swinger" und „Hello, I'm Johnny Cash". In Letzterem übernimmt Gunter Gabriel die männliche Hauptrolle. Neben den Gastspielen „Fettes Schwein" mit Bjarne Mädel, „Als ich ein kleiner Junge" war mit Walter Sittler und „Die Geiselnahme" mit Alexandra Kamp werden die Familientheaterstücke „Michel aus Lönneberga" und „Pettersson, Findus und der Hahn" gezeigt.

2015
Im Programm: „Götz von Berlichingen" mit Walter Plathe in der Hauptrolle und Jasmin Wagner als Adelheid und „Die Feuerzangenbowle", „Anatevka", „Robin Hood", „Der Hundertjährige, der aus dem Fenster stieg und verschwand" sowie die Kinderstücke „Ronja Räubertochter" und „Der kleine Rabe Socke: Alles meins!". Als Gastspiel wird „Die Abenteuer des braven Soldaten Schwejk" (ebenfalls Walter Plathe) in einer Matinee gezeigt.

2016
Eine noch nie da gewesene Programmbreite an Musicals, Kinder- und Familientheater sowie Schauspielen. Neben dem Traditionsstück „Götz von Berlichingen", erstmals unter der Regie des englischen Regisseurs Michael Bogdanov mit Christopher Krieg in der Titelrolle, und den Wiederaufnahmen der Erfolgsstücke „Der Hundertjährige, der aus dem Fenster stieg und verschwand" sowie „Die Feuerzangenbowle" gibt es für Erwachsene, Familien und Kinder im Burghof sieben weitere Inszenierungen, darunter die Theaterbearbeitungen der beiden Kino-Blockbuster „Ziemlich beste Freunde" mit Hardy Krüger jr. und Patrick Abozen sowie den Krimi „Der Name der Rose" und „Zorro – Das Musical". Außerdem stehen das Schauspiel mit Musik „Wie im Himmel" sowie das Familienstück „Oliver Twist – Tu doch, was dein Herz dir sagt!" auf dem Spielplan der 67. Spielzeit. Für Kinder ab fünf Jahren wird im Burghof „Der kleine Ritter Trenk" gespielt und für die Kleinen ab drei Jahren „Zum Glück gibt's Freunde".
Seit der Spielzeit 2016 ist das Programmheft der Burgfestspiele kostenlos.

2017
Erstmals findet mit „Die Analphabetin, die rechnen konnte" von Jonas Jonasson unter der Regie von Axel Schneider eine Welturaufführung im Burghof statt.
Außerdem im Programm: „Götz von Berlichingen", erneut nach 2015 mit Walter Plathe als Götz, das Musical „Catch Me If You Can" mit Ilja Richter sowie die Koproduktion mit dem Altonaer Theater „Backbeat – Die Beatles in Hamburg" über die Anfänge der „Pilzköpfe". Als Gastspiel ist „Goethes sämtliche Werke … leicht gekürzt" zu sehen. Für Familien gibt es das Kinderstück „In 80 Tagen um die Welt" sowie parallel dazu im Gewölbe „Pettersson, Findus und der Hahn". Außerdem spielt Gregor Meyle zwei Sommerkonzerte im Burghof.

2018
Im Programm: das Kultmusical „Hair", „Die drei Musketiere", „Baskerville – Sherlock Holmes und der Hund von Baskerville", „Der bewegte Mann – Das Musical", „Das tapfere Schneiderlein", „Der kleine Rabe Socke: Alles meins!" und das Traditionsstück „Götz von Berlichingen" mit Tim Grobe als Titelheld.

2019

1949 70 2019
Jahre

70-jähriges Gründungsjubiläum.
Im Programm: das Musical-Comedy-Stück „The Addams Family" sowie die Kinderstücke „Das kleine Gespenst" und „Zum Glück gibt's Freunde", die Wiederaufnahme des Kult-Musicals „Hair", „Götz von Berlichingen" mit Pierre Sanoussi-Bliss sowie „Cyrano de Bergerac".
Mit dem schwäbischen Humorformat „Laible und Frisch – Urlaubsreif" wird erstmals in der Geschichte eine Auftragsarbeit im Burghof umgesetzt.

„Die Päpstin" (2014)
Torsten M. Krogh (Bruder Benjamin), Anjorka Strechel (Johanna/Johannes Anglicus)

„Götz von Berlichingen" (2016)
Christopher Krieg (Götz), Mathieu Carrière (Weislingen), Angelina Kamp (Maria)

„Hair" (2018)
Martin Markert (Berger), Felix Frenken (Hud), David Wehle (Claude)

In Kooperation mit der aim-Akademie (Akademie für innovative Bildung und Management Heilbronn-Franken gGmbH) finden erstmals Schultheatertage unter dem Motto „Zu Recht!" statt.

2020
Eva Hosemann wird Intendantin der Burgfestspiele. Als zweite Frau in der Geschichte verantwortet sie den Bereich Kunst.

Schwere Jahre: Die Burgfestspiele Jagsthausen müssen die Spielzeit 2020 und 2021 aufgrund der anhaltenden COVID-19-Pandemie absagen und auf den Sommer 2022 verschieben. Neben den Sponsoren, die in dieser Zeit Treue zeigen, werden die Burgfestspiele durch Förderprogramme von Bund und Land

unterstützt. Der Landkreis Heilbronn sowie die Gemeinde Jagsthausen zahlen weiterhin ihre Zuschüsse.
Die Burgfestspiele Jagsthausen bilden erstmals aus.

2021
Auch die Spielzeit 2021 muss coronabedingt abgesagt werden.
Alexandra Baronin von Berlichingen und Jürgen Bircks scheiden aus der Geschäftsführung aus. Sie werden zu Ehrenmitgliedern

des Heimat- und Verkehrsvereins ernannt. Die Geschäftsführung besteht fortan aus nur noch zwei Personen. Birgit Baronin von Berlichingen wird neue Geschäftsführerin neben Roland Halter.

2022
Innenminister Thomas Strobl eröffnet die erste Spielzeit nach der Pandemie.
„Wir machen wieder Theater", lautet das Motto der Spielzeit 2022.

Einweihung der neuen Tages-/Abendkasse, des sogenannten Kartenhäuschens an der Götzenburg.

Im Programm: Die neue Intendantin Eva Hosemann inszeniert „Monty Python's Spamalot". Außerdem im Spielplan: eine Neuinszenierung des Traditionsstücks „Götz von Berlichingen" mit Stephan Szász, die englische Kultkomödie „Ladies Night", übersetzt ins Schwäbische, sowie die Wiederaufnahme von „Baskerville – Sherlock Holmes und der Hund von Baskerville" aus der Spielzeit 2018 sowie die Premieren der Kinderstücke „Der kleine Vampir" und „Die dumme Augustine".

2023
Neue Spielstätte: Mit rund 130 Sitzplätzen wird seit 2023 auch im Burggraben Theater gespielt. Mit der Tragikomödie „Indien" wird

„Götz von Berlichingen" (2019)
Christopher Krieg (Weislingen), Pierre Sanoussi-Bliss (Götz), Nadja Wünsche (Maria)

Einzigartige Kulisse: „Monty Python's Spamalot" (2022)

die Bühne eingeweiht. Außerdem findet eine Reihe weiterer, einmaliger Veranstaltungen sowie der „Götz von Berlichingen"-Einführungsvortrag im Burggraben statt. Im Programm: „Saturday Night Fever", „Götz von Berlichingen" mit Kai Maertens sowie das Schauspielmusical „Rio Reiser. König von Deutschland" und die Kinderstücke „Des Kaisers neue Kleider" und „Der Sonnenkönig". Aufgrund des großen Erfolgs wird die Komödie „Ladies Night" wiederaufgenommen. Ein besonderes Highlight im Spielplan der Burgfestspiele ist das klassische Konzert des Württembergischen Kammerorchesters Heilbronn im Burghof.

Nach dem erfolgreichen Start der Schultheatertage im Schuljahr 2018/19 geht die Kooperation der aim-Akademie und der Burgfestspiele Jagsthausen in die Fortsetzung. Zum Thema „Anders sein – Mutig sein" entwickeln die Schüler spannende Inszenierungen.

2024

Ein besonderes Goethe-Jahr: 250 Jahre nach der Uraufführung schreibt Regisseur Christoph Biermeier sein Konzept fort und bringt „Götz von Berlichingen" mit Peter Kaghanovitch im Jahr von Goethes 275. Geburtstag erneut auf die Burghofbühne.
Ein Highlight im Spielplan war das Gastspiel des bekannten Schauspielers Philipp Hochmair mit seinem Programm „Werther" im Burghof. Außerdem im Programm: die beiden Kinderbuchklassiker „Pinocchio" sowie „Vom kleinen Maulwurf, der wissen wollte, wer ihm auf den Kopf gemacht hat", „La Cage aux Folles – ein Käfig voller Narren" und die Tragikomödie „Brassed Off – Mit Pauken und Trompeten", für die eigens eine Festspiel-Blaskapelle zusammengestellt wurde. Musikalisch abgerundet wird das Programm von der Wiederaufnahme von „Rio Reiser. König von Deutschland" und „Ladies Night", auch im dritten Jahr erfolgreich.
Die Spielstätte im Graben der Götzenburg bleibt nach dem erfolgreichen Beginn erhalten und wird im zweiten Jahr noch intensiver bespielt. Neben der Wiederaufnahme von „Indien" unter der Regie der künstlerischen Leiterin Eva Hosemann wird

„Gretchen 89ff." von Lutz Hübner neu für den Burggraben inszeniert. Eine Reihe von Konzerten und Gastspielen im Burggraben macht das Programm im Zeitraum von Juni bis Ende August besonders vielfältig.

2025

75 Jahre Theater im Burghof. 75 Jahre Theater am Originalschauplatz und darüber hinaus alljährlich ein breites Angebot an Schauspiel, Musical und Kindertheater.
500 Jahre Bauernkrieg.

Im Programm: Als erste Frau in der Festspielgeschichte inszeniert Regisseurin Laura Remmler das Traditionsstück „Götz von Berlichingen" mit Thomas Sarbacher in der Titelrolle.
Gleich zwei musikalische Produktionen finden sich im Jubiläumsspielplan: „Jesus Christ Superstar" und „Das ABBA Konzert – Dancing Queen". Für Familien und Kinder gibt es die beiden Kinderstücke „Die drei ??? Kids – Der singende Geist" sowie „Der Sonnenkönig". Abgerundet wird das Programm im Burggraben mit der französischen Komödie „Kunst" von Erfolgsautorin Yasmina Reza sowie einer Vielzahl an einmaligen Veranstaltungen.
In Kooperation mit der aim-Akademie finden die 3. Schultheatertage zum Thema „Freiheit – was geht?" statt.

„Saturday Night Fever" (2023)
Marc Schöttner (Tony Manero), Maja Sikora (Stefanie Mangano)

„Götz von Berlichingen" (2024)
Susi Wirth (Elisabeth), Peter Kaghanovitch (Götz

Die Planer – die Festspielleitung

Von seiner Heimatstadt Neckarsulm aus fuhr Roland Halter im Sommer 1985 zum ersten Mal zu den Burgfestspielen. Wolfgang Reichmann spielte den Götz. Halters Gedanken kreisten jedoch um seine berufliche Umorientierung nach Tätigkeiten bei der Stadt Heilbronn im Personal- und Bauverwaltungsamt und als Kämmerer in Talheim. Sein Berufsziel: Bürgermeister in Jagsthausen. 1986 bewarb er sich – und wurde gewählt. „Natürlich waren die Festspiele eine große Motivation, sich in Jagsthausen zu bewerben", sagt der 67-Jährige heute. Träger der Festspiele war von 1949 bis 2000 der Heimat- und Verkehrsverein, dessen Ausschussmitglied Roland Halter kraft Amtes wurde. Als Jagsthausens Bürgermeister a. D. Albert Feinauer im Sommer 1993 erkrankte, waren die Burgfestspiele während der prosperierenden Jahre der Intendanz von Ellen Schwiers ohne operative Leitung. Roland Halter sprang interimsweise ein und bildete zusammen mit Götz Baron von Berlichingen die Festspielleitung. Nur kurz darauf, im September 1994, verstarb dieser völlig unerwartet im Alter von nur 59 Jahren. Halter stand alleine da. Der Baron wollte zusammen mit seiner Ehefrau nach der Renovierung der Götzenburg von Schloss Rossach nach Jagsthausen ziehen – nun musste die Witwe das allein bewerkstelligen. Alexandra Baronin von Berlichingen sprang spontan ein. Sie und Roland Halter bildeten ab 1995 die Festspielleitung. Sie prägte ihre Zeit bei den Festspielen mit dem Motto: „Theater darf nicht verkrusten, es muss beweglich bleiben. Theater ist kein Museum, es muss sich immer wieder neue Wege suchen." Geboren wurde Alexandra von Berlichingen 1941 im mecklenburgischen Ludwigslust. Der Vater war dort im Reiterregiment stationiert. Nach der Flucht 1945 wuchs sie in Hamburg auf. 1964 heiratete sie den Offizier Götz Baron von Berlichingen (1935–94), der bei der Bundeswehr eine Karriere begonnen hatte. Es folgten Jahre in Koblenz, Westerburg, München, Heidelberg und Ansbach. Aus der Ehe gingen die Kinder Diana und Götz hervor. Im Sommer 2001 heiratete die Baronin in zweiter Ehe den seit 2000 verwitweten Bundespräsidenten Roman Herzog. Beide lebten bis zuletzt auf der Götzenburg.

Tausche Ausstattung gegen Intendanz

2020 schied die Baronin aus der Geschäftsleitung der Burgfestspiele aus. Ihre Schwiegertochter Birgit Baronin von Berlichingen folgte ihr in dieser Position nach, ihr Sohn Götz Baron von Berlichingen rückte im Verein der Freunde der Burgfestspiele an ihrer Stelle in den Ausschuss. Für die Freunde war sie seit Jahrzehnten eine engagierte Unterstützerin, indem sie unermüdlich Sponsorenkontakte pflegte und neue Spender akquirierte. Sie starb am 1. März 2023 im Alter von 82 Jahren. Bei der bewegenden Trauerfeier in der Schöntaler Klosterkirche sang Asita Djavadi Edith Piafs unsterbliches „Je ne regrette rien". Regisseurin Helga Wolf erinnerte in der Trauerrede an lange Gesprächsabende mit ihrer Freundin Alexandra und dem Bundespräsidenten in Wolfs kleiner, gemütlicher Küche im Ort Berlichingen und an die vielen Schlachten, die sie gemeinsam geschlagen haben. Alle, die sie kannten, behalten sie als disziplinierte, willensstarke und dabei herzliche, charmante und nicht zuletzt elegante Frau in Erinnerung.

Doch zurück ins Jahr 1995, als sie in die Festspielleitung eintrat und Arnold Petersen Intendant in Jagsthausen wurde. Der Theatermann, 1994 noch am Volkstheater Rostock in Lohn und Arbeit, zeigte großes Interesse an der Jagsthäuser Ausstattung des Musicals „My Fair Lady". Roland Halter machte ihm einen Vorschlag: „Sie kriegen die Ausstattung, wenn Sie bei uns Intendant werden." Und so kam es. Halter und ein Vetter karrten das Bühnenbild mit einem Lkw nach Rostock, und der gern als „Sparnold" titulierte Petersen, der von 1975 bis 1992 als Generalintendant das Nationaltheater Mannheim geleitet hatte, wechselte von Rostock nicht nur zum Staatstheater Wiesbaden, sondern auch nach Jagsthausen. „Er brachte mir das ABC des Theaters bei", blickt der Jagsthäuser Bürgermeister auf seinen Lehrmeister zurück.

In der Intendanz von Jochen Striebeck ergänzte ab 1995 der Gastronom Jürgen Bircks die Festspielleitung. Er war fast immer auf der Burg – ein nicht zu unterschätzender Vorteil. Die Dreierkonstellation war eine Neuerung – bisher war immer der Bürgermeister und ein Mitglied des Hauses Berlichingen im Leitungsgremium vertreten gewesen. Seit den sechziger Jahren lebt Bircks mit, von und für die Burgfestspiele. Olga Baronin von Berlichingen holte ihn im März 1961 als Küchenchef ins Burgrestaurant. Mit Gretel Schmeißer, Tochter einer der Mitbegründer der Festspiele, fand Jürgen Bircks in Jagsthausen sein Lebensglück. „Sie war die erste sprechende Statistin im Burghof in der Rolle der Frau von Helfenstein", erzählt Bircks stolz, der im Dorf heute noch eine kleine Pension mit fünf Zimmern betreibt. Geheiratet haben sie 1963. Ihre beiden Töchter spielten als Kinder auf der Bühne im Burghof mit. 1966 pachtete das Ehepaar Bircks das Burghotel und leitete es bis zu seinem Ruhestand 2005. Im Festspielbüro heuerte zudem zum 50-jährigen Jubiläum der Burgfestspiele der Historiker Markus

Müller an. Er war für das Programmheft verantwortlich und übernahm früh auch andere Aufgaben. Heute fungiert er als Assistent der Geschäftsleitung. Neben ihm ergänzen die Verwaltung seit 2001 Elke Polzer im Bereich Personal und Buchhaltung sowie Ann-Kathrin Halter seit 2015 im Bereich Presse und Marketing. Im Ticketbüro arbeiten seit 2013 Elisabeth Pfennig und seit 2023 Chaveli Paloma Trujillo Cornel. Sie absolviert bei den Burgfestspielen eine Ausbildung zur Bürokauffrau. Solche langjährigen, versierten und vor allem flexiblen Mitarbeiter sind die Säulen des Theaterunternehmens, das seit 2001 als gemeinnützige GmbH unter der Bezeichnung Burgfestspiele Jagsthausen gGmbH firmiert.

Einsam tafeln, wo sonst die Tribüne steht

2010 pausierte Roland Halter als Geschäftsführer aus beruflichen Gründen ein Jahr lang und wurde spontan von Thomas Schick vertreten. 2011 kehrte er in die Festspielleitung zurück. Zehn weitere Jahre lang, bis zum zweiten Coronajahr 2021, steuerte der Dreimaster mit Alexandra Baronin von Berlichingen, Roland Halter und Jürgen Bircks auf der Kommandobrücke die Burgfestspiele grundsolide durch ruhige Fahrwasser, lähmende Flauten, hohe Wellen und heftige Stürme. Sie waren ein eingespieltes Team. Budgetplanung, Festlegung des Spielplans, Gespräche mit der künstlerischen Leitung, Diskussionen über Inhalte, Sponsorenbetreuung, unzählige Abenddienste, Werbeplanung und -etats: All das gehört zum Aufgabenbereich der Festspielleitung.

Seit 2021 bestimmen Birgit Baronin von Berlichingen und Roland Halter im Duo die Geschicke der Burgfestspiele. Alexandra Baronin von Berlichingen und Jürgen Bircks wurden Ehrenmitglieder des Heimat-und Verkehrsvereins. Götz Baron von Berlichingen verwaltet seit 1994 den Betrieb der Götzenburg samt Land- und Forstwirtschaft und ist als Rechtsanwalt in Heilbronn tätig. Die studierte Historikerin Birgit Baronin von Berlichingen stieß bei ihrem Eintritt in die Geschäftsführung auf „eine gut funktionierende Struktur". Sie hospitierte einige Wochen in Hamburg an den Theatern von Axel Schneider und kümmert sich heute um die Kontakte zu den Sponsoren, managt den Hotelbetrieb und bringt sich bei der Museumsverwaltung ein mit dem Ziel, durch die Burgfestspiele auf der Götzenburg die Gemeinde zu beleben und touristisch attraktiver zu machen: Jagsthausen und die Burg sind die Festspiele, die Festspiele sind Jagsthausen und die Burg. Ein Ziel, das die Pioniere des Freilichttheaters im Innenhof der Götzenburg schon 1950 anvisierten.

Dabei ist durchaus internationales Denken gefragt. Als die Rezeptionistin Beate Krieger einen japanischen Hotelgast aufs Zimmer führte, mussten sie an der Künstlergarderobe vorbei, wo sich gerade eine quirlige Gruppe Dragqueens zur Aufführung von „Ein Käfig voller Narren" vorbereitete. Der ahnungslose Gast aus Fernost wurde blass und wunderte sich, wo er gelandet sei. Er entspannte sich erst wieder, als seine Begleiterin die Worte „Theater, Theater" rief. An ein prägendes Erlebnis im ersten Coronasommer 2020 denkt die Festspielleitung mit gemischten Gefühlen zurück: Mitten im Burghof, wo seit 1950 immer die Tribüne steht, saßen die Ehepaare Halter und von Berlichingen mit Baronin Alexandra an einem Tisch zu einem Abendessen. „Schön, aber auch gespenstisch", kommentiert Roland Halter diesen historischen Moment, an dem das Private plötzlich Einzug hielt an einem Ort, der seit 70 Jahren im Sommer Privates rigoros ausgeschlossen hatte.

Geschäftsführung bis 2021 v. l.: Bürgermeister Roland Halter, Alexandra Baronin von Berlichingen, Jürgen Bircks, vorne sitzend Jan Aust (Intendant 2000–2008)

v. l.: Eva Hosemann, Roland Halter, Birgit Baronin von Berlichingen

Die Geschäftsleitung: Bürgermeister Roland Halter, Birgit Baronin von Berlichingen

Roland Halter, Eva Hosemann, Birgit Baronin von Berlichingen

Treue zahlt sich aus – Sponsoren und Förderer der Burgfestspiele

Die Burgfestspiele Jagsthausen sind auf dem flachen Land, „einem Dorf an der Jagst", wie es bei Goethe heißt, angesiedelt. Die Gemeinde unterstützte das Theater in der Götzenburg schon von Anfang an mit viel Engagement und den zur Verfügung stehenden finanziellen Möglichkeiten. Frühzeitig erkannten auch das Land Baden-Württemberg und der Landkreis Heilbronn die Notwendigkeit, die Burgfestspiele Jagsthausen in ihrer kulturellen Arbeit zu fördern. So garantieren bis heute diese drei öffentlichen Säulen die Existenz der Burgfestspiele und ließen diese auch insbesondere während der Coronapandemie mit ihren Auswirkungen auf den Spielbetrieb nicht im Stich.

Standen ursprünglich unregelmäßige Spenden und Mäzenatentum im Vordergrund der privaten Unterstützung für die Burgfestspiele, so wandelte sich dies im Laufe der Jahre hin zu vertraglich geregelten Beziehungen zwischen den Festspielen und verschiedenen Wirtschaftsunternehmen, eben zum modernen Sponsoring. Aber nicht nur durch Geldleistungen, sondern auch durch Dienst- und Sachleistungen erfahren die Burgfestspiele eine umfangreiche Unterstützung. Diese unkomplizierte Art von Zusammenarbeit und Hilfe macht vieles erst möglich, was für die Zuschauer leicht und unbeschwert wirken soll.

Über all die Jahre seit der Gründung der Burgfestspiele hinweg haben diese Faktoren dazu beigetragen, sie in ihrer Existenz zu sichern und in ihrer Entwicklung zu stärken. Politiker aller Couleur und mit unterschiedlichsten Funktionen haben die Burgfestspiele Jagsthausen unterstützt, wie z. B. bereits in den frühen Jahren Bundespräsident Theodor Heuss, der ehemalige Bildungsminister Baden-Württembergs Roman Herzog, Ministerpräsidenten wie Lothar Späth und Winfried Kretschmann und der jetzige Innenminister Thomas Strobl, um nur einige zu nennen. Gerade weil dieses ambitionierte Theaterprojekt seit so vielen Jahrzehnten eine ländliche Region im Norden Baden-Württembergs belebt, findet es nicht nur Anerkennung und Unterstützung von offizieller Seite. Viele private Fans des Freilichttheaters und auch viele Unternehmen haben die Festspiele von Anbeginn unterstützt.

Geld für Gagen, Bühnenbilder, Laien und Jugendförderung

1987 hatte Götz Baron von Berlichingen zusammen mit dem damaligen Präsidenten des Bundesverfassungsgerichts, Roman Herzog, die Idee, einen Förderverein zu gründen. Die Freunde der Burgfestspiele Jagsthausen haben es sich zur Aufgabe gemacht, das Theater ideell und finanziell tatkräftig zu unterstützen. Seither engagieren sich Privatpersonen und Unternehmen im Freundeskreis und haben den Burgfestspielen über Beiträge, Spenden und Benefizveranstaltungen 3,8 Millionen Euro zukommen lassen – etwa für Bühnenbild, Kostüme, Technikausstattung, Schauspieler, Laien und Jugendarbeit. Erster Vorsitzender und Gründungsmitglied war der spätere Bundespräsident Prof. Dr. Roman Herzog. Ihm folgten 1996 Reinhold Würth und 2005 Bettina Würth. 2011 übernahm Norbert Heckmann, Sprecher der Geschäftsleitung bei Würth, den Vorsitz, seit 2015 unterstützt von Silke Lohmiller, Geschäftsführerin der Dieter Schwarz Stiftung. Derzeit zählen die Freunde der Burgfestspiele 465 Mitgliedschaften, davon etwa 30 Young Friends, junge Menschen zwischen 14 und 29 Jahren. Die Einnahmen des Vereins speisen sich aus Mitgliedsbeiträgen, Spenden, Veranstaltungen wie

Verleihung der Ehrenmitgliedschaft an Prof. Würth (2013) v. l.: Alexandra Baronin von Berlichingen, Prof. Würth, Bundespräsident Roman Herzog, Bürgermeister Roland Halter

Silke Lohmiller (links) und Norbert Heckmann überreichen Alexandra Baronin von Berlichingen den Förderscheck (2018)

Fotoaktion der Freunde der Burgfestspiele bei „The Blues Brothers"

Norbert Heckmann, 1. Vorsitzender der Freunde der Burgfestspiele, bei der Veranstaltung „Appetit auf Kultur" (2021)

Benefizmatineen, aus Sektverkauf oder der Show „Hit it!", für die die Young Friends 2022 und 2024 Asita Djavadi in den Burghof zurückholten.

Die Höhe des Förderbeitrags variiert zwischen 70 000 und 100 000 Euro pro Jahr, je nach Bedarf der Festspiele und den Rücklagen des Vereins. „Seit 2022 profitieren die Burgfestspiele zudem von einer jährlichen Aktionsspende für besondere Anschaffungen, z. B. für eine Hörunterstützung für Festspielbesucher, neue Lichttechnik zur Energieeinsparung, Mikroports für Laienschauspieler und mobile Probespiegel zur Einübung von Choreografien", ergänzt Susanne Heck, Geschäftsführerin des Vereins. Auch Workshops und Ausflüge für Laien- und Jugendarbeit unterstützen die Freunde der Burgfestspiele finanziell.

Seit 2023 wird jährlich der Freunde-Preis an ein Nachwuchstalent aus dem Ensemble verliehen, eine enorme Motivation für Newcomer. Neben der jährlichen Hauptversammlung haben die Mitglieder drei Mal im Jahr die Gelegenheit, beim Freunde-Stammtisch mehr über den Festspielbetrieb zu erfahren und die Künstler persönlich kennenzulernen. Die künstlerische Leiterin Eva Hosemann ist Stammgast und bringt spannende Gesprächspartner mit. 2024 besuchten beispielsweise die Vereinsmitglieder eine Vorstellung von „Gretchen 89ff" und trafen anschließend beim Stammtisch das Ensemble, Autor Lutz Hübner und Regisseurin Laura Remmler.

Im Coronasommer 2021 organisierte der Verein die Veranstaltung „Appetit auf Kultur" im Burghof für 100 Mitglieder mit dem ausgebremsten Ensemble und mit Corona-Sicherheitsabstand.

Im Frühjahr 2025 gingen Iris Baars-Werner und Eva Hosemann mit dem „Festspiel-Talk" auf Tour, unterhielten mit Einblicken in den Theaterbetrieb und machten Lust auf die Burgfestspiele und den Freundeskreis.

Die Freunde der Burgfestspiele überreichen Maja Sikora den Freunde-Preis 2023

Bettina Würth (Vorsitzende 2005–2011), Ralph Matousek (Geschäftsführer bis 2019)

Ausschuss und Vorstand: v. l.: Kai Halter, Gudrun Schilling, Susanne Heck, Antje David, Norbert Heckmann, Silke Lohmiller, Götz Baron von Berlichingen, Ulrich Boelke, Jürgen Schwarz

Seit 2019: Young Friends der Freunde der Burgfestspiele Jagsthausen e. V.

Die Young Friends der Freunde der Burgfestspiele präsentieren die Veranstaltung „Hit it!" mit Asita Djavadi (2022/24)

Reinhold Würth, ein Meister der Akquise

Die Anzahl an Mitgliedschaften nahm mit dem Vorsitzenden Reinhold Würth 1996 einen kometenhaften Aufstieg. „Ich werde jeden ansprechen, den ich kenne …", hatte der Hohenloher Unternehmer als Losung ausgegeben – und er kannte und kennt Gott und die Welt. Als neuer Vorsitzender sprach er sie alle an: Geschäftspartner, Lieferanten, Kunden und Mitarbeiter. „Er hat seine Aufgabe ernst genommen", schmunzelt der amtierende Vorsitzende Norbert Heckmann. Alexandra Baronin von Berlichingen professionalisierte die von Würth begonnene Akquise. Sie gewann Ausschussmitglied Iris Baars-Werner, die die Festspiele seit fast einem halben Jahrhundert aus Sicht der Journalistin kennt. Sie begeisterte sich früh für das Dorf und die Herzlichkeit der Jagsthäuser und gab mit der Mitgliedschaft bei den Freunden dem Gefühl, „Teil der Festspiele zu sein", eine Heimat. Antje David, verantwortlich für die Young Friends, war wie ihre Tochter Laiendarstellerin und möchte an die dadurch entstandene Bindung bei den jüngsten Mitgliedern anknüpfen. Der ehemalige Geschäftsführer des Fördervereins, Ralph Matousek, bestätigt, dass seine Kinder als Darsteller bei den Burgfestspielen prägende Erfahrungen gesammelt haben.

„Götz von Berlichingen" ganz ohne Slapstick

Im Ausschuss engagiert sich auch Helga Schäfer. Ihre Mutter Margot Layher zählte zu den Gründungsmitgliedern der Freunde und bis zu ihrem Tod zu den treuesten Fans der Festspiele. „Sie verbrachte gerne die Sommerabende in Jagsthausen", erzählt Helga Schäfer, „und hatte sogar einen Stammplatz auf der Tribüne". Als herzensgut, liebenswürdig, sozial und großzügig wird sie im Nachruf der Burgfestspiele gewürdigt, und der Hinweis „Frau Layher ist da" war für das Ensemble stets eine zusätzliche Motivation. Helga Schäfer, Vorstandsmitglied der von ihrem Vater gegründeten Auto-Technik-Museen in Sinsheim und Speyer, die mit ihren Kindern und Enkeln alle Jagsthäuser Kinderstücke gesehen hat, erinnert sich mit einem Lachen an frühe eigene Theatererlebnisse: „Wie haben wir den ‚Götz' gehasst." Heute kann sie, die jede Neuinszenierung gesehen hat, ganze Passagen rezitieren. „Mir gefällt an Jagsthausen, dass sie den ‚Götz' nicht als Slapstick inszenieren. Jede Inszenierung holt etwas anderes aus dem Stück heraus, aber im historischen Kontext", würdigt Helga Schäfer die Verdienste. Spannendes, professionelles Theater und großes Engagement von der Schneiderei über die Technik bis zum Ensemble: Dafür stehen die Burgfestspiele für Helga Schäfer.

Spielzeiteröffnung durch Prof. Dr. h.c. mult. Reinhold Würth (rechts), v. l.: Bürgermeister Roland Halter, Alexandra Baronin von Berlichingen, Bundespräsident Roman Herzog

Geschäftsführerin seit 2019: Susanne Heck

Helga Schäfer, Margot Layher, Alexandra Baronin von Berlichingen, Gretel Bircks (2008)

Enthüllung des Gedenksteins für Alexandra Baronin von Berlichingen (2024)

Das Dorf, die Laien und die Grundschüler

„Die Jagst", sagt der Schauspieler Frank Roder spontan, wenn man ihn danach fragt, was er mit Jagsthausen verbindet, „sie vergrößert die Lebensqualität des Ortes ungemein." Er wohnt bei Familie Flemmer auf der anderen Jagstseite und muss über die Brücke, um zur Burg zu gelangen. „Das macht was mit einem", schwärmt Roder, der es liebt, morgens um acht ein Bad in der Jagst zu nehmen, dann Text zu „dreschen", bis um zehn Uhr die Proben losgehen. Jagsthausen ist für Frank Roder eine Art Lebensgefühl geworden. 2023 hat er fünf Premieren vorbereitet, ist am 30. April angereist und hat das Dorf erst am 9. Juli erstmals verlassen: „Ein toller Ort, um zu arbeiten", bekräftigt Roder, der ansonsten seine Texte am Hamburger Alsterufer lernt. „Herrliche Natur", antwortet Schauspielkollege Denis Fischer auf die Jagsthausen-Frage. Er lebt mit seiner Familie in Bremen. Eine eigentlich grüne Stadt. Aber allein die Luft in Jagsthausen – unvergleichlich. Für Fischer ist es ein wirklicher Festspielort mit Menschen, die sich auf den Theatersommer freuen. Per Fahrrad erkundet er das Jagsttal, und schon Widdern empfindet er als eine andere Welt. Der Schauspieler Frank Hangen fasst Jagsthausen in vier Worten so zusammen: „Eine Schule des Lebens." „Man muss sich nur darauf einlassen", empfiehlt seine Kollegin Valerija Laubach. Den Dorfladen als Versorgungszentrum und Treffpunkt – den lieben alle. Einheimische wie Schauspieler und Laien. Ist doch klar.

Die Laienkultur hat bei den Burgfestspielen seit jeher einen hohen Stellenwert. Das fängt schon bei den ganz Kleinen an. Die Drittklässler der Jagsthäuser Grundschule sind traditionsgemäß seit den achtziger Jahren in den Kinderstücken immer mit dabei. Viele Kinder freuen sich bereits bei der Einschulung aufs Mitmachen. „Als dies wegen Corona 2020 und 2021 ausfiel, war das eine Tragödie", blickt Eva Hosemann zurück. Als Grundschülerin der dritten Klasse wirkte die heute 20-jährige Maxima von Berlichingen 2013 im Kinderstück „Hänsel und Gretel" mit Sascha Littig und Nina Baukus mit. Sie besuchte damals die Grundschule in Oberkessach und durfte dort im Unterricht fehlen, um die Kinderdarsteller im Nachbarort Jagsthausen zu verstärken. Sehr gut erinnert sie sich noch an das erste Treffen in der Turnhalle. „Da haben wir ein Modell der Götzenburg bekommen mit dem Bühnenbild im Miniaturformat. Das hat mich sehr beeindruckt."

Eine Einheit: Profis, Laien und die Band in „Aida" (2013)

Waldgeister, Hirschkäfer und singende Pferde

Regisseur Mathias Frank erklärte den Kindern ihre Aufgaben und teilte die Rollen zu. Maxima war ein Eichhörnchen, das Bäume verschieben durfte: „Alles wurde mit viel Liebe zum Detail vorbereitet. Wir waren 20 Minuten in der Maske und wurden behandelt, als wären wir richtige Schauspieler." Die Kinder mimten Waldgeister oder Hirschkäfer, liefen als Pferde singend über die Bühne und sangen mit den Schauspielern das Lied „In den Wald rein": „Ein tolles Zusammengehörigkeitsgefühl" hat Maxima von Berlichingen damals trotz der ganzen Aufregung empfunden, voller Bewunderung für die Profis. Das Schönste nach dem Auftritt vor 900 Menschen war der Applaus: „Wir hielten die Hände der Schauspieler und hatten ein unbeschreibliches Gefühl." Natürlich war auch die Familie da, mehrmals sogar, und die *Heilbronner Stimme* schrieb eine Geschichte über die Kinderschauspieler: „Den Artikel habe ich mir eingerahmt."

Für die damals Neunjährige war der Sommer 2013 pure Magie und Euphorie, die ihre Leidenschaft für das Theaterspielen weckte: Krippenspiel, Theater AG in der Schule, das Fach Theaterwissenschaft im Studienkolleg St. Blasien und das Fach Theaterunterricht bei einem Auslandsaufenthalt in Großbritannien waren die weiteren Berührungspunkte für Maxima von Berlichingen, die in Münster Jura studiert und gerade wenig Zeit für Theater hat. Jagsthausen ohne Burgfestspiele? „Kann ich mir nicht vorstellen. Ich bin damit aufgewachsen, und die Jagsthäuser sind stolz darauf. Auch meine Generation." Ein Stück hat sie besonders geprägt „The Blues Brothers". Sie war „Riesenfan", feierte einen Kindergeburtstag mit „Blues Brothers"-Motto, und kriegt die vielen „unfassbar tollen Bilder" nicht mehr aus dem Kopf: das Laufband, das Auto ... Davon wird Maxima von Berlichingen noch ihren Enkeln erzählen. Zu einigen Kinderdarstellern von damals hat sie auch heute noch Kontakt. Theater schafft Prägungen – und es verbindet, wie kaum eine andere Kunstform. Maximas Mutter Birgit Baronin von Berlichingen stand nicht nur 2013 bei Maxima, sondern auch bei deren jüngeren Schwestern Antonia (2016) und Cosima (2019) als betreuende Mutter hinter der Bühne des Kinderstücks. Die Mütter wechseln sich ab, um die Pausen zwischen den Auftritten der Rasselbande spielerisch zu überbrücken und sie zu beruhigen. Egal, wie quirlig, zappelig oder rabaukig die Kinder sonst auch sein mögen: „Sie nehmen ihre Theateraufgaben ernst und halten sich an die Regeln", sagt die Baronin. Für die Regie ist es eine Herausforderung, die Kinder einzubinden. Und für die Kinder ist das Theaterspiel eine wichtige soziale Erfahrung.

Ob die Kinder im Märchen, der Chor im Musical, die Bauern im „Götz": Für die Burgfestspiele opfern die Laien Freizeit und Ferien, machen wochenlange Probenarbeit mit und nehmen teils lange Anfahrten in Kauf – gegen eine kleine Aufwandsentschädigung. Sinan Akman ist seit 1992 Laiendarsteller in Jagsthausen. Der 58-jährige Heilbronner machte früher Musik bei den Böckinger Seeräubern und fand nach einem Statistenauftritt am Theater Heilbronn Gefallen an den Brettern, die die Welt bedeuten. Als die Burgfestspiele Sänger suchten, fuhr er hin, sang vor und war dabei. Ab Mai blockt Sinan Akman alle Wochenenden und Feiertage für Proben und Auftritte. Urlaub macht er im September oder März. „Die Festspiele sind meine zweite Familie geworden", erklärt der Heilbronner stolz. Sinan Akman hat sich auf das Musiktheater spezialisiert: „Der

Maxima von Berlichingen bei „Hänsel und Gretel" (2013)

Antonia von Berlichingen in „Der kleine Ritter Trenk" (2016)

Cosima von Berlichingen in „Der kleine Vampir" (2019)

Ensemble und Kinder der Grundschule: „Der kleine Ritter Trenk" (2016)

‚Götz' ist kein Stück für mich. Ich will singen, tanzen, mich bewegen." In „Saturday Night Fever" hatte er 2023 ein kleine Rolle, wirkte als Gylan in „Ladies Night" mit, das 2022 bis 2024 erfolgreich lief. Im vergangenen Jahr bekam er in „La Cage aux Folles" eine kleine Sprechrolle als Ober.

Ein Hobby, das einen 15-Stunden-Tag fordert

Seine Jagsthäuser Lieblingsproduktion aber ist die „Anatevka" von Helga Wolf der Jahre 1994/95, die ihn sehr berührt hat. Die „Anatevka" 2015 von Michael Bogdanov war „nicht so meins", auch wegen der chaotischen Proben. „Wir waren als Chor bestellt, aber saßen oft stundenlang nur auf der Tribüne rum. Bei Helga Wolf waren die Proben zeitlich straff und zuverlässig geplant." Verlässliche Zeitplanung ist auch für Laien wie Sinan Akman eminent wichtig. Er arbeitet bei der LBBW in Stuttgart. Mit der Bahn fährt er nach Dienstschluss nach Heilbronn, steigt in sein Auto und holt in Oedheim seine Kolleginnen Wenke Bauer aus Bad Friedrichshall und Simone Hölzle aus Oedheim ab, die zugleich Laiensprecherin ist, und fährt mit ihnen zu den Proben nach Jagsthausen, die meist um 19 Uhr beginnen. Den 15-Stunden-Tag nimmt Sinan Akman in Kauf, „weil es mein Hobby ist und unglaublich Spaß macht".

Ebenso lange wie Sinan Akman ist auch Wenke Bauer aus Bad Friedrichshall als Chorsängerin dabei – und seit einiger Zeit auch als Inspizientin, als Bindeglied zwischen Kunst und Technik, das die Abläufe einer Aufführung koordiniert. Ihre Mutter las eine Anzeige der Burgfestspiele in der Zeitung, ihre Schwester ermunterte sie und so entdeckte sie in Jagsthausen nicht nur ihre Liebe zum Freilichttheater, sondern fand auch Lobo Bauer, ihren Ehemann. Lobo, studierter Toningenieur, Gitarrist, Komponist und Meister der Veranstaltungstechnik, gehört zu den Urgesteinen der Burgfestspiele. Er war schon Toner am Theater Heilbronn in der Ära Klaus Wagner und betreibt seit 1996 sein eigenes Tonstudio in Bad Friedrichshall. Lobo fuhr 1992 nach Jagsthausen zum Kinderstück, Ellen Schwiers kriegte das mit und verpflichtete ihn als Toner für alle Stücke. „Licht, Ton, Requisite und Inspizienz: Wir haben alle an einem Strang gezogen und uns gegenseitig geholfen. Das geht nur mit den richtigen Leuten." Die Ära Schneider, sagt Lobo Bauer, „hätten wir mit der Vielzahl an Inszenierungen nicht überlebt, wenn wir technisch nicht so fit gewesen wären".

Wenke Bauer ist gelernte Schreinerin und Restauratorin und arbeitet zudem noch in einer Zahnarztpraxis im Labor. Die Bauers haben sich 1997 in Jagsthausen kennengelernt. Wenke sprach Lobo, der die Sommermonate über im Dorf wohnte, wegen der Musik für eine Party an. Später trafen sie sich im Baumarkt wieder, Lobo brauchte Studiomöbel, die Wenke schließlich baute. Seit 1998 sind sie ein Paar. Ihre Kinder Leja und Cedric waren selbstverständlich auch als Kinderdarsteller etwa in „The Blues Brothers" dabei. Eine geniale, wenngleich sicherheitstechnisch grenzwertige und chaotische Inszenierung der aus Familie Bauers Sicht menschlich schwierigen Regisseurin Barbara Neureiter. Unter den Intendanten schätzt Lobo Bauer Heinz Kreidl und Eva Hosemann besonders. „Kreidl wusste wie auch Ellen Schwiers, was er will, und kam ins Studio mit klaren Ansagen. Und Eva Hosemann hat die Fähigkeit, mit ihrer positiven Einstellung die Leute wieder zusammenzubringen." Heinz Kreidl, erinnert sich Wenke Bauer, hat nach den Premieren

„Max und Moritz" (1984) mit Kindern der Grundschule

„Max und Moritz" (2005)

„Hänsel und Gretel" (2013)

Drittklässler aus „Pinocchio" (2024)

stets Laien und Chor gelobt: „Wir sind alle ein großes Ensemble." Lobo Bauer weiß, wie wichtig die Licht- und Tonqualität in einem Freilichttheater ist: „Ich kaufe nur Qualität. Oder gar nicht", lautet sein Leitspruch. Er hat erlebt, dass eine verhunzte Tontechnik bei Tournee-Aufführungen viel kreatives Potenzial kaputtmachen kann. Wenn er im Mai bei den Proben wieder das Mischpult in seiner Tonkabine ganz oben auf der Tribüne im Burghof in Gang setzt, ist Lobo Bauer in seinem Element. „Bis zur letzten Premiere ist es ein Knochenjob. Aber der interessanteste überhaupt." Und er denkt solidarisch: „Wenn ein Gitarrenverstärker oder etwas anderes gebraucht wird, das ich habe, bringe ich das selbstverständlich mit." Für Wenke Bauer ist Jagsthausen ein wunderbares Hobby: „Ich freue mich, die Meute bald wieder zu treffen." In den neunziger Jahren dachte Lobo Bauer naiv: Wenn wir hier nach den Festspielen wieder weg sind, verhungern die alle. Heute hat er ein differenzierteres Bild vom Dorf und empfindet die Pro- und Contra-Festspiel-Fraktionen in Jagsthausen als ausgeglichen: „Aber die Contras sieht man eigentlich nicht." Viel lieber denkt er an Alexandra Baronin von Berlichingen, die er als meistens sehr herzlich in Erinnerung hat und die mit Blick auf die Finanzen augenzwinkernd zu sagen pflegte: „Dann gehe ich halt wieder los und bettle um Geld ..."

Klassenarbeitskorrekturen auf der Tribüne

30 Jahre als Laie auf dem Buckel hat auch Peter Kasche aus Möckmühl. Der heute 81-Jährige war Mitglied des dortigen Kantatenchors und wurde von Jan Austs Schwiegermutter aus Schöntal, die auch in dem Chor sang, auf die Statisterie in Jagsthausen aufmerksam gemacht. Er absolvierte ein Casting beim damaligen musikalischen Leiter Jean Hoffmann – und war die nächsten 30 Jahre nicht mehr im Sommerurlaub. Eine positive Erfahrung für den Pädagogen an der Grund- und Werkrealschule Möckmühl: „Ich habe nichts vermisst und gemerkt, wie schön es bei uns daheim ist." Urlaub hat er im Herbst oder Winter gemacht. Helga Wolfs „My Fair Lady" 1991 war sein erstes Stück und nach Corona Eva Hosemanns „Spamalot" 2022 seine Abschiedsinszenierung. Als Lehrer aus einer Nachbargemeinde konnte er die Probentermine relativ problemlos koordinieren. Um die Wartezeiten zu überbrücken, nahm er sich einfach Arbeit mit nach Jagsthausen. So manche Möckmühler Klassenarbeit ist in den 30 Jahren auf der Tribüne der Burgfestspiele korrigiert worden. Als Höhepunkte hat Peter Kasche Helga Wolfs „Anatevka" und Barbara Neureiters „Blues Brothers" in Erinnerung. In Sachen Regie hat Helga Wolf für Peter Kasche „einen Spitzenplatz" inne wegen ihrer klaren Planung. Schwache Regisseure hat er auch erlebt, „aber als Laie muss man sich zurückhalten. Doch musikalisch hätten sie den einen oder anderen Laien durchaus um Rat fragen können."

Auch das Improvisieren hat Peter Kasche im Burghof gelernt. In Helga Wolfs „Ein Käfig voller Narren" spielte er 2003 den Ober, der mit seiner Frau das Frühstück auftischen soll. Das Stichwort kam nicht, sie versäumten den Auftritt. Schließlich rief Willi Welp als Albin/Zaza: „Kriegen wir heute kein Frühstück?" Kasches spontane Antwort: „Doch. Sofort. Sie wissen ja, die Kinder. Da ist immer was los." Freundschaften, soziale Kontakte, das Kennenlernen der Profis bei der Arbeit, die zutiefst menschliche Lust am Verkleiden und Rollentausch, all das hat Peter Kasche in seinem Engagement

„Evita" (2001/02)

Backstage beim Laien-Ensemble

„The Blues Brothers" (2013)

bestärkt: „Außerdem gibt es Lob und Applaus. Wer hat das nicht gern?" Ohne die Burgfestspiele kann sich Kasche Jagsthausen nicht mehr vorstellen. Sie sind in seinen Augen sehr prägend und in der Bevölkerung weitgehend akzeptiert. Und doch gibt es immer Menschen, die sich wegen Straßensperrungen aufregen. Von zwei Fraktionen spricht auch der Schauspieler Oliver Jaksch: Die einen freuen sich, dass was los ist, die andern hoffen, dass das Dorf bald wieder leer ist.

1983 war sie als Kind bei den Burgfestspielen dabei, seit ihrem 15. Lebensjahr 1988 dann in jedem Jahr: Christiane Stecher aus Jagsthausen. Ihre Großeltern waren Anfang der vierziger Jahre aus Duisburg nach Jagsthausen evakuiert worden und bauten sich in der Gemeinde eine neue Existenz auf. Der Großvater war schon 1950 mit von der Partie, während die Großmutter, eine gelernte Schneiderin, für die Burgfestspiele nähte und im Ort auch einen kleinen Laden betrieb. Christiane Stecher wirkte im „Götz" mit, sang in den Musical-Chören und erhielt auch kleine Sprechrollen etwa als Zofe der Adelheid im „Götz". Spannend fand sie, mit der Regisseurin Helga Wolf ein Stück zu erarbeiten, die Entwicklung mitzuverfolgen: „Sie hatte klare Vorstellungen und wusste, wem sie was zutrauen kann. Sie hat die Hintergründe einer Inszenierung erklärt und alle Laien mit Namen gekannt", erinnert sich Christiane Stecher an die besondere Wertschätzung durch die Regisseurin.

Früher hat Christiane Stecher den Festspielstress leichter weggesteckt: Um Mitternacht daheim, um sechs Uhr wieder aufstehen. In den Wochen der Endproben nimmt sie heute Urlaub. Christiane Stecher arbeitet als Verwaltungsangestellte des Landratsamts Künzelsau in der Organisation des Hohenloher Kultursommers und ist schon deshalb mehr kultur- als reiseaffin: „Ich habe wenig vermisst." Sie schätzt in Jagsthausen die Atmosphäre, die Freundschaften, die gemeinsamen Theaterbesuche in Hamburg oder München. Als Laiensprecherin hatte sie auch mit den Intendanten Kontakt: Ellen Schwiers war etwas distanzierter und konnte die Mutter der Kompanie, aber auch die Drama Queen sein: „Es war aber ein toller Zusammenhalt." Und jetzt, mit Eva Hosemann, „macht es wieder Spaß, dabei zu sein". Gern denkt Christiane Stecher an die „Götz"-Inszenierung 2022 von Wolfram Apprich mit Stephan Szász in der Titelrolle zurück, in der sie im Wechsel mit einer Kollegin die Helfensteinerin spielte. Oder an die Musicals, an Helga Wolfs „Evita" oder Heinz Kreidls „Dreigroschenoper", in der sie als Bettlerin unter der Bühne durchkriechen musste. Und natürlich die „Blues Brothers": „Vier Sommer lang Party."

Statistensuche: 20 Schüler in Kettenhemden

Das Verhältnis der Einheimischen gegenüber den Burgfestspielen hat sich nach Christiane Stechers Beobachtung gewandelt. „Früher war fast das ganze Dorf mit dabei. Heute sind nicht mehr so viele direkt einbezogen." Die Ablehnung kommt ihrer Beobachtung nach eher von Alteingesessenen als von den Zugezogenen. Die Worte von Bundespräsident Roman Herzog, dass man ohne Festspiele in Jagsthausen zuschauen könne, wie eine tote Hose entsteht, hat sich für Christiane Stecher in den Coronajahren 2020/21 bestätigt.

Ablehnung spürten 20 Jahre zuvor auch die Laien. Intendant Jan Aust war es, der ihr Vertrauen wieder zurückgewann, nachdem sie von Regisseuren wie Torsten Bischof despektierlich behandelt

Chorproben für „Zorro – Das Musical"

Einladung der Familie Layher – Laien-Ausflug ins Technik Museum Sinsheim

Regine Heiden, Lobo und Wenke Bauer

worden waren, wie Regieassistentin Miriam Baghai-Thordsen weiß: „Sie waren regelrecht traumatisiert. Aber die Jungs zwischen zwölf und 16 Jahren für den ‚Götz' waren immer zuverlässig." Regieassistentin Regine Heiden erinnert sich, dass der Laienbedarf unter Intendant Heinz Kreidl ziemlich heruntergefahren wurde. „Finde mal die richtigen Leute", war ihr Problem, wenn sie nur die Auswahl zwischen „Milchbubis und alten Männern" hatte. Mit Regisseur Jean-Claude Berutti erlebte sie 2016 einen Disput, als dieser 20 Männer als Statisten für den „Götz" orderte. „Ich kann sie mir nicht aus den Rippen schneiden", entgegnete die Hamburgerin keck – und steckte wieder 20 Schüler in Kettenhemden.

Regisseurin Helga Wolf bekam es 1991 bei „My Fair Lady" erstmals mit dem großen Laienchor zu tun. Sie hat die Mitglieder so einbezogen, als wären sie Darsteller, hat für alle kleine Geschichten geschrieben und erzählte von der Frauenbewegung. Daraus entstand eine sehr spezielle Zusammenarbeit. Bei Helga Wolf wussten die Laien, was sie machen. Sie hat an der Oper strukturiertes und diszipliniertes Arbeiten gelernt, denn Ballett, Orchester und Chor haben tariflich geregelte feste Arbeitszeiten. Ewiges Diskutieren und Herumsitzen auf der Bühne ohne irgendeinen Einsatz gab es bei ihr nicht. Wie man kollegial auf Augenhöhe mit den Laien umgehen kann, bewies auch der Schauspieler Timo Ben Schöfer, der vor den Premieren zu ihnen in die Remise ging, wo sie sich umkleideten, und „toi, toi, toi" wünschte. Das verschaffte ihnen das Gefühl, wichtig und so etwas wie das Salz in der Suppe zu sein. Die Laien wiederum dankten es Schöfer, indem sie ihm das Gefühl vermittelten, „ihr" Götz zu sein. Überall im Dorf spürte er Wohlwollen gegenüber den Burgfestspielen. Oliver Jaksch erinnert sich an „vier besondere Sommer" mit Volleyball-Turnieren und Festen.

Er hat durch die „Blues Brothers" einen wunderbaren Einstieg ins Dorf gefunden („Wir waren bekannt wie bunte Hunde.") und durch die Erfolgsproduktion eine besondere Beziehung zu den Laien entwickelt: „Die Kinderdarsteller, die auf den alten Opel klettern mussten, wuchsen in den vier Jahren. Wir konnten sie am Ende kaum noch an den Oberarmen packen."

Einen Miniskandal um die „Götz"-Inszenierung 2016 von Jean-Claude Berutti erwähnt Schauspieler Christopher Krieg. Hier mussten die Kinder Strumpfmasken tragen, was die Identifizierung für Mama und Papa, Oma und Opa nicht eben leichter machte. Als sie erkannten, welche theatralische Wirkung diese Maskerade beförderte, waren sie weitgehend beschwichtigt. Christopher Krieg hat schlimme Unwetter in Jagsthausen erlebt, Brückensperrungen und spontane Hilfsbereitschaft, er hat traumhafte Grillabende genossen und dauerhafte Freundschaften geschlossen, weil er in den Laien stets auch Kollegen sah – als Schüler jobbte er selbst als Statist. Krieg hat sie bei Auftritten vor dem Tor getroffen, umarmt und gedrückt – was bei 20 Leuten dauert – und dann um „eine Minute für mich" zur Konzentration gebeten. Die „Götz"-Premiere am 1. Juni 2016, drei Tage nach der verheerenden Flut in Braunsbach, war verregnet. In der Sterbeszene lag Christopher Krieg in einer Pfütze und bibberte erbärmlich. Schon die Hauptproben zum „Götz" hatten wegen der schlechten Witterung im Burgkeller stattgefunden: „Ein unglaubliches Erlebnis. Berutti hatte Tränen in den Augen. Aber alle zogen mit."

„Saturday Night Fever" (2023)

„Götz von Berlichingen" (2013)

Alles sitzt: fertig für den Auftritt

„Anatevka" (2015)

Hausmacher Wurst und Most

Das Lob der Laien singen auch Denis Fischer und Frank Roder. Der altersmäßig bunt gemischte Chor für „Ein Käfig voller Narren" 2024 war schon fix und fertig vorbereitet, als die Schauspieler anreisten. In Laura Remmlers Inszenierung von „Brassed Off" 2024 spielte eine Amateur-Blaskapelle eine der Hauptrollen. Auch diese 20-köpfige Schar aus Musikbegeisterten probte jeden Samstag von 11 bis 13 Uhr und war im April schon startbereit, als die Profis in Jagsthausen eintrudelten. Großstadtmensch Christopher Krieg hat noch etwas gelernt in Jagsthausen: seine Wohnung nicht abschließen zu müssen.

Und was wäre ein Festspielort ohne willige Vermieter für die Gauklerschar, die jedes Jahr das Dorf in Beschlag nimmt? Inzwischen wohnen die Theaterleute nicht mehr nur in Jagsthausen oder Olnhausen, sondern auch in Schöntal oder Forchtenberg. Die Jagsthäuser Familie Flemmer vermietet seit 1986 im Sommer ein 40 Quadratmeter großes Gästeappartement, das sie ansonsten privat nutzt. Barbara Flemmer verweist stolz darauf, dass schon ihre Großeltern 1950 auf ihrem Hof hinter der „Krone" den ersten Götz, Hermann Schomberg, beherbergt und eigens für ihn ein Schlafzimmer gebaut hatten. „Wenn mein Vater frühmorgens in den Stall ging, kam er oft erst heim", erzählt die 68-Jährige. Aus den Mietverhältnissen entstanden manchmal Freundschaften. Schlechte Erfahrungen mit Mietern hat sie nie gemacht, erzählt Barbara Flemmer, die früher im Festspielbüro gearbeitet hat und seit 33 Jahren eine Mutter-Kind-Gruppe in Dorf betreut. Ihre beiden Söhne haben im „Götz" und in den Kinderstücken mitgewirkt. Nicht zu vergessen die vielen Feste mit den Ensembles. Barbara Flemmer denkt an ein Mostfest in den frühen siebziger Jahren, bei dem die Schauspieler auf Strohballen saßen und massenhaft Hausmacher Wurstbrote und Most vertilgten – und die junge Lisa Fitz klampfte auf ihrer Gitarre dazu.

„Götz von Berlichingen" (2006)

Einsingen vor „Evita" (2002)

„Götz von Berlichingen" (2018)

Der Blick hinter die Kulissen – ohne sie geht es nicht!

Abenddienst, Abendkasse, Abendregie, Ankleidedienst, Beleuchtung, Bühnenmalerei, Bühnentechnik, Deutsches Rotes Kreuz, Freiwillige Feuerwehr, Gewandmeisterei, Garderobe, Kostümfertigung, Kostümwesen, Lichtgestaltung, Lichttechnik, Maske, Musik, Ordnungsdienst, Parkplatz, Reinigungsdienst, Requisite, Theaterkasse, Ticketing, Ton, Tontechnik, Verwaltung, Veranstaltungsleitung, Werkstätten. TEAM. … uns bleibt nichts zu tun, außer Danke zu sagen, ihr habt Großes geleistet in diesen Jahren!

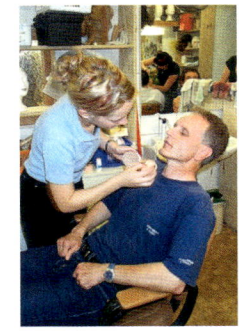

Nachschlagen mit Mehrwert –
die Programmhefte der Burgfestspiele

Wer die Programmhefte der Burgfestspiele aus den vergangenen 23 Jahren durchforstet, staunt, mit welcher Akribie und mit welcher Freude an der Vermittlung von Hintergründen zu den Inszenierungen zu Werke gegangen wurde und noch wird. Die bis zu 140 Seiten starken Hefte bieten unter der redaktionellen Leitung des Historikers Markus Müller und seit 2016 von Pressesprecherin Ann-Kathrin Halter weit mehr als Besetzungslisten und Porträts. Und weit mehr als Mosaiksteine zur „Götz von Berlichingen"-Rezeption. Müller bringt die Gründe für die Bewahrung des Traditionsstücks im Programmheft 2011 auf den Punkt: „Wie modern dieses Stück immer noch ist ... Viele der in ihm gezeichneten Biografien lassen sich mühelos auf heutige politisch Handelnde übertragen ... Es ist quasi ein Langzeitversuch über die Gültigkeit eines Klassikers in der Gegenwart."

Zu Brechts „Mutter Courage und ihre Kinder" wurden anno 2000 Parallelen zu den Kriegsbildern aus dem ehemaligen Jugoslawien gezogen, Helga Wolf berichtete 2002 über das anstrengende Making-of zum Musical „Evita", und Bundespräsident Roman Herzog schrieb einen Aufsatz über „Lateinamerika und wir". Über das Leben auf der Burg, die Bauernhochzeit, die Kindheit, Distanzen und überraschend große Mobilität im Mittelalter oder „Götz und das Alter" klärten Beiträge von Markus Müller auf. Denn wer weiß schon, dass die statistische Lebenserwartung eines um 1480 geborenen Mannes damals 35 Jahre betrug? Götz schaffte biblisch anmutende 82 Jahre – er starb am 23. Juli 1562 auf Burg Hornberg bei Neckarzimmern und wurde im Kreuzgang des Klosters Schöntal beigesetzt. Im Programmheft zur Spielzeit 2003, die den Aspekt der Toleranz in den Vordergrund rückte, fanden Ereignisse wie der Irak-Krieg und Zeiterscheinungen wie Neonazis, Fundamentalisten und Gotteskrieger Erwähnung.

Als 2004 das „Dschungelbuch II – Mowglis Rückkehr" auf dem Spielplan stand, informierten Hannegret Halter, ehemalige ehrenamtliche Leiterin der Gemeindebücherei Jagsthausen, über den Tigerbestand und die Situation der Frauen in Indien und Heide Recker über Kinderarbeit in dem Schwellenland. Und in seinem Essay „Cabaret – ein Spiegel der Weimarer Republik" zu Helga Wolfs Inszenierung von „Cabaret", das am Vorabend der Machtübernahme durch die Nazis 1933 spielt, formuliert Bundespräsident Roman Herzog hellseherisch: „Die Menschen und ihre Schwächen sind immer noch so, und nicht nur in Deutschland. Mir macht das manches Mal Angst."

Resozialisierung für den Hotzenplotz

2006 versuchten es die Burgfestspiele statt mit einem übergreifenden Heft mit sechs Einzelheften und attraktiven Szenenfotos zu den jeweiligen Inszenierungen. Ein Experiment, das sich aus Kostengründen nicht bewährte. Bemerkenswert Jan Austs Antworten in einem witzig-ironischen Interview zu seiner Inszenierung von Otfried Preußlers „Der Räuber Hotzenplotz" mit Olaf Paschner in der Titelrolle. Auf die Frage „Was wird aus dem Räuber Hotzenplotz, nachdem er verhaftet wurde?" erwiderte der Intendant: „Ich nehme an, dass der Hotzenplotz in ein Resozialisierungsprogramm gerät, im Gefängnis dann das Abitur nachmacht, einen Fern-Lehrgang in BWL und Jura belegt und nach seiner Entlassung sein Räuber-Handwerk auf einer anderen Ebene fortsetzt." Die Bankenkrise warf ihre Schatten voraus ... 2007 sprach Helga Wolf im Interview zum Musical „Camelot" unverblümt über den Klimawandel und die ungleiche Verteilung der Ressourcen auf der Welt. 2012 erläutert Geschäftsführer Roland Halter in „Sex, Drugs & Rock – die wilden Siebziger" die Hintergründe zur „Rocky Horror Show".

Bis auf geringfügige Formatunterschiede (etwas kleiner in der Ära Kreidl) blieb das Programmheft von der Anmutung her über all die Jahre gleich. Auffällig ist, dass ein Intendantenwechsel meist still vonstattenging. Als Axel Schneider 2014 das Ruder übernahm, wird der Intendant in den Grußworten erwähnt und nur kurz als Regisseur der „Feuerzangenbowle" vorgestellt. Ähnlich verfuhr man 2009 mit dem neuen Intendanten Heinz Kreidl. Ab der Spielzeit 2016 werden die Titelseiten wieder größer und bunter, Aufsätze und Analysen ersetzen Rubriken wie „Autorenlexikon" oder „Wörterbuch". Das Programmheft, das früher drei Euro kostete und bei den Bauchladenverkäufern reißenden Absatz fand, erscheint heute in einer Auflage von 8 000 Stück. Die Nachfrage sinkt, sagt Burgfestspiel-Sprecherin Ann-Kathrin Halter. Viele Besucher blättern nur im Programm, das gratis abgegeben wird, und legen es wieder zurück. Es soll aber weiter erscheinen: „Für uns ist es ein Nullsummenspiel."

Programmhefte

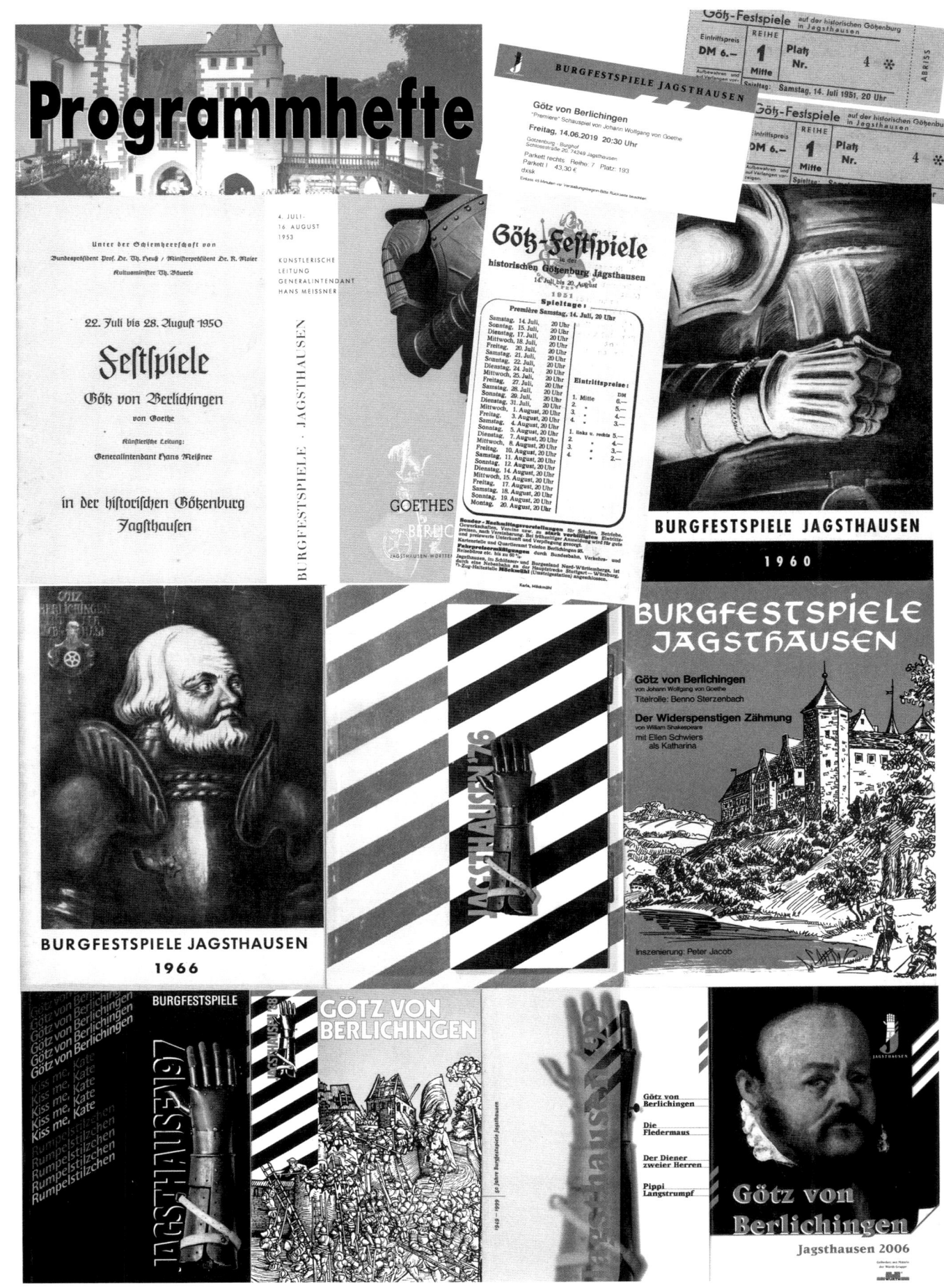

Impressum

Burgfestspiele Jagsthausen (Hg.)
Wir machen Theater jedes Jahr im Sommer!

© 2025 by Theater der Zeit

Eine Publikation von Theater der Zeit in Zusammenarbeit mit der Burgfestspiele Jagsthausen gGmbH

Die Publikation wurde durch die freundliche Unterstützung der Freunde der Burgfestspiele Jagsthausen e. V. ermöglicht.

Texte und Abbildungen sind urheberrechtlich geschützt. Jede Verwertung, die nicht ausdrücklich im Urheberrechts-Gesetz zugelassen ist, bedarf der vorherigen Zustimmung des Verlages. Das gilt insbesondere für Vervielfältigungen, Bearbeitungen, Übersetzungen, Mikroverfilmung und die Einspeisung und Verarbeitung in elektronischen Medien.

Textquellen:
Textarchiv der *Heilbronner Stimme*
Die zitierten Kritiken und Berichte stammen von Iris Baars-Werner, Barbara Barth, Ranjo Doering, Christoph Feil, Christian Gleichauf, Uwe Grosser, Claudia Ihlefeld, Birgit Rommel, Gerhard Schwinghammer und Andreas Sommer und sind in der *Heilbronner Stimme* erschienen.

Bildnachweise:
Die Fotografien in diesem Buch stammen von Heidelind Andritsch, Burgfestspiele Jagsthausen, Thomas Braun, Roy Coaster, Hermann Eisenmenger, Werner Friedel, Kurt Gesper, Fotohaus Lussem, Ottmar Schäffler, Lutz Schelhorn, Roland Schweizer, Cecilia Stede
S. 10/11, Götzenburg (1972): Staatsarchiv Freiburg W 134 Nr. 066695/Fotograf: Willy Pragher)
S. 194, Thomas Strobl, Alexandra Baronin von Berlichingen, Birgit Baronin und Götz Baron von Berlichingen: © Heilbronner Stimme
S. 196, Laura Remmler: © Dan Glazer

Verlag Theater der Zeit
Winsstraße 72 | 10405 Berlin | Germany
www.tdz.de | info@tdz.de

Konzeption und Redaktion: Birgit Freifrau von Berlichingen, Ann-Kathrin Halter
Texte: Andreas Sommer
Gestaltung: Kerstin Bigalke
Korrektorat: Iris Weißenböck

Printed in Germany

ISBN 978-3-95749-563-1 (Hardcover)
ISBN 978-3-95749-564-8 (E-PDF)

„Götz"-Darsteller seit 1950 bis heute ...

Walter Richter
Götz 1956–58, 1965–67

Benno Sterzenbach
Götz 1957–58, 1968, 1970–71

Alfred Schieske
Götz 1959–60

Alexander Golling
Götz 1961–64

Günter König
Götz 1972–73

Friedrich Schütter
Götz 1980, 1982

Günter Malzacher
Götz 1983

Wolfgang Reichmann
Götz 1984–85

Hans Herzog
Götz 1986

Rüdiger Bahr
Götz 1986–89

Raimund Harmstorf
Götz 1996

Jürgen Watzke
Götz 1997

Thomas Thieme
Götz 1998

Peter Bause
Götz 2000–01

Timo Ben Schöfer
Götz 2002–04

Oliver Jaksch
Götz 2011, 2013

Götz Otto
Götz 2014

Walter Plathe
Götz 2015, 2017

Christopher Krieg
Götz 2016

Tim Grobe
Götz 2018